正二郎はね

ブリヂストン創業者父子二代の魂の軌跡

中野政則
Masanori Nakano

出窓社

序文

ブリヂストン創業者・石橋正二郎《しょうじろう》（一八八九〜一九七六）が、八十七歳で不帰《ふき》の客となって、三十六年の歳月が流れた。

その生きざまは、七十三歳の一九六二年に初出版した自伝『私の歩み』（非売品）に見ることができる。十七歳で家業の仕立物屋《したてものや》を継ぎ、足袋底《たびぞこ》にゴムを接着させた地下足袋《じかたび》を考案し巨額の財を成し、わが国初の国産タイヤ会社を創業した正二郎が、生涯を貫き通した人生訓は「世の人々の楽しみと幸福の為に」だった。人を大切にし、地域と共に発展する精神を大事にした。正二郎の精神は誕生の地久留米《くるめ》に残されている事跡から多くを知ることができる。

息子の石橋幹一郎《かんいちろう》（一九二〇〜一九九七）は、父正二郎の意志を継ぎ世界一のタイヤ会社にブリヂストンを育てあげた。父同様、文化に造詣《ぞうけい》が深い経営者として名を馳《は》せた。

一九七〇年代、ブリヂストンの本社に勤務していた私は、日経連傘下《さんか》の全国文化団体連盟会長に就任した石橋幹一郎を補佐する立場で出向した。全国を歩き、企業と地域文化について学んだことは大変意義深いことだった。企業城下町の色彩が浸み込み、依存体質の払拭《ふっしょく》にもがく町や、逆に、その体質にあぐらをかき傲岸不遜《ごうがんふそん》な思考をする企業もあった。

幹一郎の薫陶《くんとう》を受け、全国を俯瞰《ふかん》する中で、他には類のない独特の文化を創造する久留米を〝再発見〟し、発祥《はっしょう》の地久留米と向き合うことになった。出向を終え東京小平《こだいら》の工場と本社の勤務後、一九八七年久留米へ転任した。初任配置から二十数年ぶりに見た発祥地の趣は、何も変わることなく床《ゆか》しかった。発祥地の風土に再び接した時、私の心が希求するものは、創業者正二郎が残したものを語り継ぎたいとの思いだった。

米国第二のタイヤメーカー、ファイアストン社を傘下におさめ、国際戦略の道筋をつけ「名誉会長」となった幹一郎は、名誉市民の称号を仰せつかっている郷里久留米へ足を運ぶ機会も多くなっていた。折しも創業六十年を迎えようとするブリヂストンは「第二の創業」と銘打《めいう》ち、創業の原点に戻り、行く末を見直す活動に活気づいていた。創業の地久留米は、その発信地、その源流として全社の注目が集まっていた。

正二郎と久留米の歴史と文化について書き留めておこうとする私に、幹一郎は『私の歩み』を熟読することを強く勧めた。その上で、久留米を訪れる折々に正二郎の話を聞かせてくれた。「正二郎はね」で始まる幹一郎の話は、終始簡明に書かれた『私の歩み』の行間を埋める新たなリアリティーを与えてくれた。時には敢えて当時の事を熟知した人から話を聞くことを勧め、史実の客観性を求めた。取材した記事を送った後、赤鉛筆が入った〝返信〟がくることもたびたびであった。

こうして創業地の歴史や文化をまとめた私たちの冊子は「正二郎ゆかりの地」「発祥の地」「正二郎と吹奏楽団」「ブリヂストンカンツリー倶楽部物語」と、少しずつ形になっていった。

ところが、「ブリヂストンカンツリー倶楽部物語」の原稿を完読した直後、幹一郎は急逝《きゅうせい》した。一九九七年六月三十日だった。

大志を育んだ久留米の町は正二郎のルーツであり、ブリヂストンを生んだ母胎《ぼたい》である。正二郎の息遣いと時を超え父子二代にわたる故郷《ふるさと》をいとおしむ心が「発祥の地」に宿っている。

幹一郎から教わった日々は、生涯の記憶として私の中に静かにとどまり、消えることなく二〇〇〇年六月三十日、私は定年を迎えた。しかし、その後も、それらの記憶は折にふれ甦《よみがえ》り、掛け替えのないものであったとの思いが募《つの》ってきた。歴史に埋もれてしまう前に、書き残しておかないと風化してしまう、との切迫した思いが筆を走らせた。

地下足袋成功の美酒に酔いしれることなく、タイヤの「国産化」を図った正二郎は、創業当初は苦境に立たされ、やがて軌道に乗った事業は太平洋戦争ですべての海外工場を失った。さらに朝鮮戦争後、先物手当てを行なっていた正二郎は、天然ゴム相場の暴落によって甚大《じんだい》な損害を被《こうむ》り資金難に陥り、自転車タイヤやチューブの現物支給で従業員の給料を賄《まかな》わなければならなかった。正二郎の経営者人生は、決して順風満帆ではなく苦難の連続であった。しかし、本書ではそれらのことには敢えて言及せず、正二郎・幹一郎父子の精神の軌跡に焦点をあてた。

正二郎が久留米に残した赤煉瓦《あかれんが》と四季を彩る欅《けやき》並木のブリヂストン通りを歩くと、正二郎がいかにロマンを持った実業家であったか、と思えてならなかった。三十九歳の若さで教育の必要性を重要視し、久留米医学専門学校（現久留米大学医学部）を郷里に建設、多くの文化教育施設を私費で寄附、美を愛する心は名品の数々を集めた美術館までつくって一般に公開した。

「世の人々の楽しみと幸福の為に」という人生訓は正二郎の大きなロマンでもあったのだろう。

本書は経営書でも偉人伝でもない。「世の人々の楽しみと幸福の為に」を生涯貫いた父正二郎を静かに語る息子幹一郎の姿である。関係者への取材を重ね、史実を証《あか》す資料を集め、久留米に残る事跡をたどりながら、正二郎・幹一郎父子の精神を正しく伝えようとしたものである。

幹一郎から「人間は何があったかではなく、どう生きたかで価値が決まるんだよ」と教えこまれた。

本当の豊かさとは何か、私たちは何を大切にして生きていくべきなのか、一度ゆっくり立ち止まって向き合う時にでも触れていただければ幸いである。

「世の人々の楽しみと幸福の為に」という言葉を、石橋文化センター正門石壁上に正二郎が自筆で刻んだのは五十六年前だが、今も決して古びる話ではない。

正二郎が久留米で創業したブリヂストンは、二〇一一年、創業から八十年を迎えた。

正二郎はね ◎ 目次

正二郎はね

ブリヂストン創業者父子二代の魂の軌跡

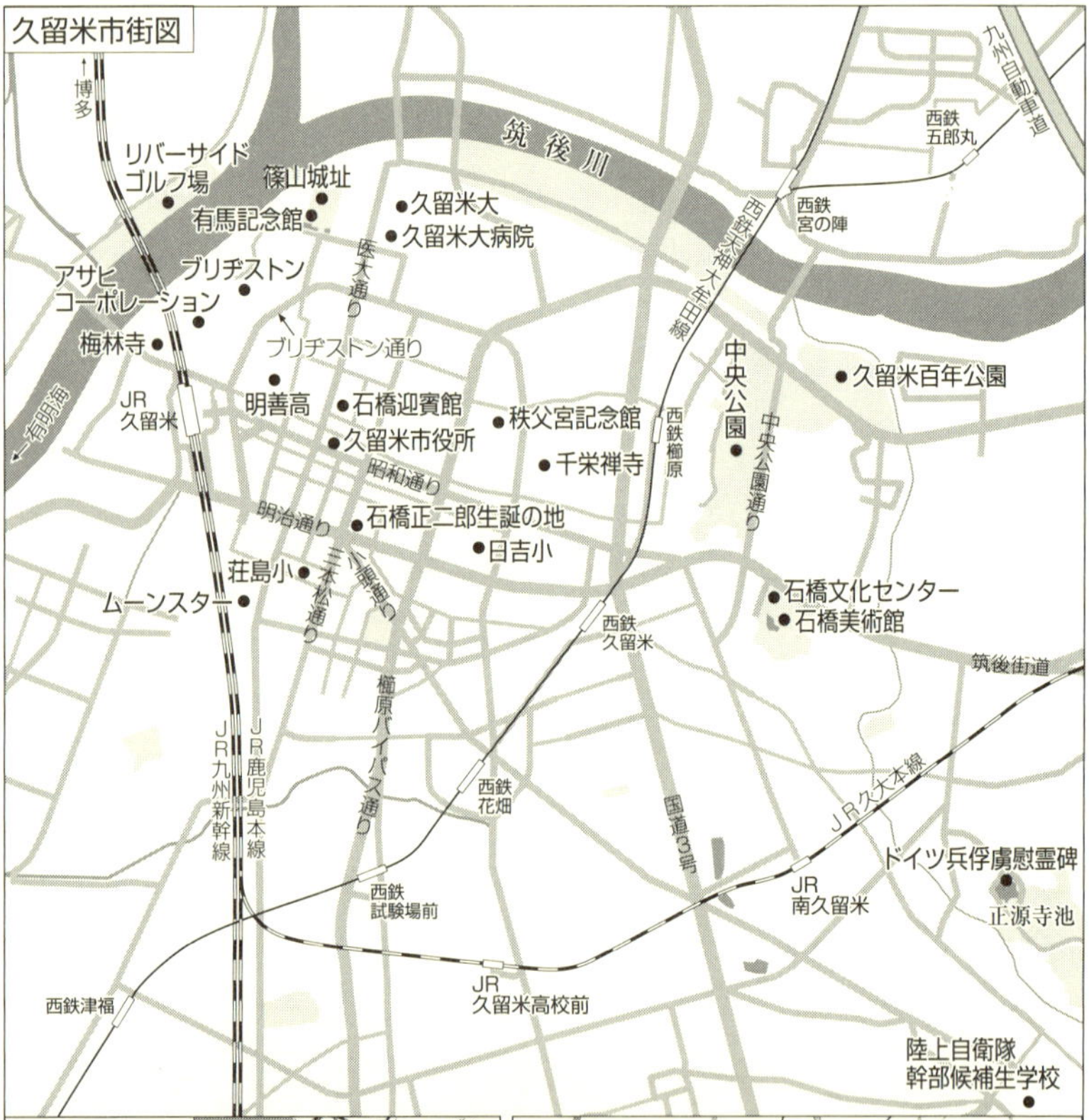
久留米市街図
博多
リバーサイドゴルフ場
篠山城址
有馬記念館
久留米大
久留米大病院
筑後川
医大通り
ブリヂストン
アサヒコーポレーション
ブリヂストン通り
梅林寺
明善高
石橋迎賓館
秩父宮記念館
久留米市役所
千栄禅寺
昭和通り
明治通り
石橋正二郎生誕の地
日吉小
荘島小
ムーンスター
三本松通り
小頭町通り
JR久留米
有明海
西鉄天神大牟田線
西鉄宮の陣
西鉄五郎丸
九州自動車道
中央公園
中央公園通り
久留米百年公園
西鉄櫛原
石橋文化センター
石橋美術館
西鉄久留米
筑後街道
櫛原バイパス通り
JR九州新幹線
JR鹿児島本線
西鉄花畑
国道3号
JR久大本線
ドイツ兵俘虜慰霊碑
正源寺池
JR南久留米
西鉄試験場前
JR久留米高校前
西鉄津福
陸上自衛隊幹部候補生学校

久留米位置図
福岡
福岡県
久留米
佐賀
大分
長崎
熊本

西鉄天神大牟田線
九州自動車道
筑後川
久留米市役所
JR久留米
久留米インター
JR久留米大学前
筑後街道
JR御井
国道3号
JR鹿児島本線
JR久大本線
水明荘
高良山

第一章

筑後川のほとり
正二郎の生まれた町

筑後川と久留米市街

1
久留米市と同じ年に誕生

「正二郎はね、久留米の市制誕生と同じ年に生まれたと、誇らしげに話すのが自慢話の一つだった。久留米と一緒ということが嬉しかったんだろうね」

石橋正二郎の息子、幹一郎は、そう笑顔で語った。

私に何か教えようとするとき「正二郎はね」の言葉で話し始めるのが幹一郎の決まり文句だった。時折り「正二郎さん」と呼ぶこともあった。ユーモアを交えての話の時に多かったが、久留米弁がからむこともたびたびで、周りを和ませ、正二郎の飄々《ひょうひょう》とした姿を連想させた。

正二郎は自らの出生と幼少の頃のことを次のように書いている。

九州で初めて博多—千歳川（現・久留米）間に鉄道が開通したのが明治二十二年。私はその年の二月一日、久留米で生まれた。旧の正月二日生まれなので正二郎と名づけたそうだ。
祖父は私の十五、六のとき死んだが、非常に元気で、磊落《らいらく》の人。当時の振興事業家で米の取引所、しょう油の醸造、炭鉱、出版などをつぎつぎと手がけたが、日清戦争の直後、朝鮮へ行き工場を建てて大失敗に終り、産を失った。そのときは齢《よわい》六十を過ぎており、非常に悲観したことと思う。
祖父は町人だったが、養子の父は士族出。士族の町人というか、堅い一方で、いっこうにパッとせず、着物や襦袢《じゅばん》を縫うちっぽけな仕立物屋だった。母は祖父の血を受けいわば積極派で、両親の性格はまるっきり正反対だったわけだ。
私は子供のころ身体が弱く、生まれつきあばれたり、いたずらなどはしなかった。早生まれで尋常小学校は七つ上がり。去年、寄附の相談があって初めて知ったのだが、小学校を卒業するときの席次は百二十五名の首席だったらしい。こんなわけで自分でいうのははずかしいが小学校でふざけられたり、呼び捨てされた覚えはない。幼い私のことを「石橋さん」と呼ぶくらいで、どちらかといえばいくらか尊敬されていたのだろう。先生や友達の父兄も「石橋を見習え、ああでなくてはいけない」というぐあいで、ともかく模範生だった。といって別に家のしつけがきびしかったわけでもない。それどころか兄は非常ないたずら者で、人とよくけんかした。けんかをしたことのない私は女性的だったのかもしれない。

（後略・原文のまま『私の履歴書』）

正二郎は久留米で、足袋、シャツ、ズボン下、脚絆《きゃはん》などの仕立物屋を営む石橋徳次郎《とくじろう》・まつ夫妻の二男として、明治二十二（一八八九）年二月一日、福岡県久留米市に生まれた。旧暦で言えば正月二日の生まれなので、正二郎と名づけられた。生家は、久留米市本町一丁目で、その屋敷の一部は、現在みずほ銀行久留米支店となっている。

久留米は明治二十二（一八八九）年四月、全国の三十一市と共に市制を施行し、全国でも最も古い都市の一つとなった。早くから商工業の町として栄え、久留米絣《くるめがすり》、ゴム産業は日本を代表するものとなった。現在人口はおよそ三十万人。福岡市、北九州市に次ぐ福岡県では第三の都市である。

久留米の町には、筑後川《ちくごがわ》が貫流する。

阿蘇外輪山を源とする筑後川は、大分、熊本、福岡、佐賀の四県を潤し、有明海へ注ぐ全長一四三キロという九州一の大河である。

利根川の坂東太郎に次ぐ「筑紫次郎」の名があり、日本を代表する河川として知られている。その悠々たる流れ、清らかな水脈の豊かさは、九州のシンボルであり母なる川として、流域を潤してきた。

正二郎が昭和六（一九三一）年に創立したブリヂストン久留米工場もその恩恵を受け成長してきた。

筑後川に抱かれたブリヂストンの発祥地久留米工場は、同社の歴史と同時に、常に久留米市民とともにあり、苦楽を共にして歩んできた歴史を持つ。

昭和五十一（一九七六）年九月十一日、八十七歳の人生を全《まっと》うした正二郎。

正二郎の十七回忌を迎えた平成四（一九九二）年九月九日、生前正二郎と身近にあった人たちが、幹一郎の招きで発祥地久留米工場のブリヂストンクラブに集い「偲《しの》ぶ会」が開かれた。司会を命じられた私はその役を果たしたが、偲ぶ会で幹一郎は次のように話した。

「正二郎と久留米」を語る幹一郎。正二郎十七回忌の偲ぶ会にて
（1992年、久留米ブリヂストンクラブ、司会は筆者）

父は生前から久留米を大事にしておりまして、また久留米の人間であることを誇りに思っておりました。昭和十二年に居を東京に移しましたが、心は久留米に残していたわけでして、その後工場その他を全国に十五造りましたが、その工場魂というのは、久留米から育って各工場に定着していきました。全工場の気持ちのよりどころは、依然として久留米でございます。父が最後まで久留米、久留米と申しておりましたが、それが残っているのだと思います。

それから、数年前からアメリカのファイアストン社を買収いたしまして、傘下に入れました。この会社からは、昭和初期に東南アジアに輸出を始めましたときに、商標を真似ているという事で訴えられました。これに受けて立ったわけですが大使になられた当時の来《くる》栖《す》三郎局長にお骨折りいただきまして、これはいずれもファミリーネームであるという事で話をつけていただきました。

その会社の人たちを久留米に連れてきますと、その会社を今や傘下におさめまして、軌道に乗りつつあります。ましで、久留米に行かないとブリヂストンがわからないという気持ちが変わってしまうようでございました。これはなんと申しますか久留米の重厚さ、着実さ、誠実さ、それから努力というものが、誠実努力と父が申しておりましたが、これこそやはり「久留米の心」であろうと思っております。

世界中で働いておられる人たちにもこれがあるようで、私共の後継者の皆さんも一生懸命努力しており、ありがたいことだと思っています。これによって「久留米魂」と申しますか、私共だけで申しますと「正二郎魂」を世界中に植えつけてくれることになるだろうと思っています。


正二郎が生まれた明治二十二年、久留米駅まで開通した国鉄鹿児島本線（現・JR）に、平成二十三（二〇一一）年三月十二日には九州新幹線が走り始めた。久留米駅前に久留米を象徴するモニュメントとしてブリヂストン製直径四メートルの世界最大級タイヤが設置された。

正二郎が久留米の地に昭和六（一九三一）年創業したブリヂストンは創業八十年を迎えた。

2 正二郎の両親と家庭

正二郎は、両親と兄、三人の妹と弟一人、それに母方の祖父母と一緒に生活していた。

父・徳次郎は安政五（一八五八）年、久留米藩士龍頭民治《りゅうとうたみじ》の二男として生まれた。十六歳のとき、叔父に当たる祖父・緒方安平《おがたやすべい》の店に奉公し、実直さを見込まれ、明治十七（一八八四）年に安平の長女まつと結婚した。まつの母りゅうが久留米藩士石橋家の一人娘だったので、長女まつに婿養子《むこようし》をとる形で石橋家を継がせたのである。

父の徳次郎は、事業を行なう性格ではなく、堅実な仕立物屋を細々と維持した。

「徳次郎の商法は手固く、失敗はないかわり、事業資金の融通をつけてまで経営の拡大を図るようなことはせず、自分も職人たちに混じって針を運ぶといった地味な経営ぶりであった」（『久留米商工史』）

武家の出でありながら、冒険はせず固いばかりで、あまり繁盛しなかったようだ。口癖のように子供たちに家が豊かになったり、貧乏したりするのは酒や贅沢《ぜいたく》のためだから、酒を飲むな、煙草も呑むな、碁も打つな、若い時の苦労は買ってでもしろ、と繰り返した。正二郎は父の教えをよく守った。

母・まつ

父・徳次郎

徳次郎は長らく心臓病を患《わずら》っていて、四十八歳で引退、明治四十三（一九一〇）年三月五十二歳で亡くなった。正二郎は二十一歳であった。

母のまつは慈悲深い、やさしい親切な性格の人で、人の難儀をみると心から心配し陰徳を施す人であったが、その反面、なかなか勝気で、万事に積極的で、すぐ実行するタイプであったと正二郎は述懐している。重太郎《じゅうたろう》・正二郎兄弟のやる仕事に関心を寄せ、話を聴くことを何より楽しみにし、彼らの〝心の糧《かて》〟であったと述べている。徒弟《とてい》が外回りから戻ってくる夜遅くまで店頭で待ち、温かい湯茶を用意し労《ねぎら》っていた、という。まつは父・緒方安平の血を受け、積極的で両親の性格はまるっきり正反対だったわけだ。昭和七（一九三二）年十月、六十七歳で亡くなった。

正二郎の祖父にあたる緒方安平は久留米・有馬藩の維新、明治期の殖産興業政策推進に活躍した町人の一人であり、次のような功績がある。

明治維新後、陸軍省所管となっていた久留米篠山城《ささやまじょう》が払い下げられることとなり、豊後竹田の人、谷川忠悦《ただえつ》が百両で買い取った。緒方は他県人によって郷土の城の石垣が取り壊されるのを見て残念に思い、急拠三人の友人らと語らい、谷川から買い戻したのである。篠山城が現存するのは緒方ほか三名の大きな功績なのである。(『久留米商工史』)

当時、緒方安平は、久留米でも一、二を争う豪商であった。安平は京都、大阪や東京、遠くは北海道まで商売をして歩いた。

祖父緒方安平の影響を強く受けたものと思われる正二郎は、祖父のことを「学問をしていないが、進取の気質に富んでいたように思う。私たち兄弟の幼少の頃、お前たちも俺のように偉くなれ、といって励ましてくれた」と書いている。

正二郎の企業家精神の基本は、父親の実直さと、祖父の商才とがたくみに反映されたものといえよう。また正二郎は、父母の慈悲深さの影響も受け、大衆と向き合った姿勢で企業活動を展開していくことになる。

3 学問への目覚めを断念

正二郎は六歳で久留米市荘島《しょうじま》小学校に入学したが、体が虚弱なため欠席が多く、ろくに運動もできず、また無口でハニカミ屋。そのうえ物思いに沈む内向的な性格であったと自分で語っている。

しかし、成績はよく首席で小学校を卒業した。明治三十五（一九〇二）年、高等小学校三年から久留米商業学校へ入学した。『私の履歴書』にはこう書く。

明治三十五年（十三歳）、久留米商業学校へ入った。当時は四年制の高等小学校を終えてから進むのだが、私は高小の三年からだった。おさな友だちの石井光次郎君は同じ年だが私は早生まれの上に一年早かったので結局は二年先輩の勘定になる。三、四十人のクラスには三つか四つ、いや五、六年も上の連中がいた。はたち前で不良も多く、夜遊びに行ったりして勉強せず、試験の点数が非常に悪い。年はいっているけれど落第しそうになる。そこで担当の先生がきびしすぎる、試験の問題がどうだなど色々なんくせをつけて排斥《はいせき》運動をやり、次第に校長までヤリ玉にあげ、二年生の時、クラスがストライキに入って、学校から停学を命ぜられた。

もっとも私だけは別。「そんなことをするものではない。我々は勉強だけすればいいのであって、先生がどうであろうとかまわないではないか。それを色々理屈をつけてかれこれいう必要はない」とつっぱり、連判状にも血判を押さなかった。学校からは一人でもいいから出てこいというので非常に困ったが、担当の先生は普通通りに授業した。友達からは袋だたきにすると威嚇《いかく》されたが、こともなくすんだ次第だ。

商業三年生。明治三十八年五月、久留米でバルチック艦隊の大砲の音が聞こえた。対馬沖は博多から二十里。久留米から博多までは十里くらいなので、ゴーゴーの響きが人々を驚かせた。

父徳次郎は長く心臓病を患い、仕立物屋を細々と維持していた。

正二郎は卒業の前年、商業学校に来訪した神戸高商の水島鉄也校長の講演に感激して進学を熱望した。こんな田舎で仕立物屋に兄弟二人がかかる必要はないではないか、兄が仕立物屋を継げばよい、自分は進学したいと父に懇願したが、父から「心臓病を患っているので引退したいと思っている。兄一人では心細いからあきらめてくれ」と言われて断念した。

石井光次郎（1889〜1981）

石井光次郎とは「光《みっ》ちゃん」「正《しょう》ちゃん」と呼び合う親しい友人であった。石井は神戸高商、東京高商（現一橋大学）を経て朝日新聞記者となり、後に政界に転出、自民党副総裁を務めた。正二郎は石井光次郎が神戸高商に入学して「私は羨ましく思った」と『私の歩み』に書いている。

4 十七歳の正二郎

石橋正二郎の生誕百年を迎えた平成元（一九八九）年、久留米市内の学校では郷土の先達《せんだつ》、正二郎を見つめ直す動きが起こっていた。

その中で、自分たちと同世代の頃の正二郎を見つめてみようと、福岡県立久留米高等学校の二年生グループは、図書館や市民の中に残る正二郎の資料を集め研究を進めた。指導の石井倫子《みちこ》教諭からの協力要請を受けた私は、久留米商業学校同窓会誌『行餘《ぎょうよ》』（明治三十八年十月二十五日発行）を資料として供した。同誌には「商人は如何《いか》にして商業道徳を修養すべきか」が掲載されていた。久留米商業学校時代の「十七歳の正二郎」が書いたものである。

石井教諭は教材用として口語体に直した。

商人は如何にして商業道徳を修養すべきか　　石橋正二郎

現在、社会が大きく変わろうとしている中で、自由競争を基本においたわが国の経済制度において、優者が劣者を倒すという「適者生存《てきしゃせいぞん》」の法則は動かしがたい真理であって、この生存競争の中に立ち、進むべき道を間違えないためには、「道徳」の光明に頼る以外に方法はなかろう。

「信用」は我が商業界において、ほとんど危急存亡《ききゅうそんぼう》の渕に立っていると言ってよかろう。ややもすれば、利己心を満たすために、公共を顧《かえり》みない風潮があるのは、実に、将来に志を持つ青年実業家の憤慨するところである。我が貿易界において最も重要視している茶・生糸の取り引きの状況は、実に、そのよい例である。これらの商品は、明治維新前後において、愈々《いよいよ》輸出が盛んになるのを見てとると、ずるがしこい商人は、目の前の暴利をむさぼろうと粗悪品を乱造して一時の利潤追求を企《くわだ》てたため、わが国の貿易界は世界の信用を失い、衰退をきたし、輸出が全く途絶えるという状態となり、不景気となり、全国恐慌の原因となって、信用制度は混乱状態に陥ってしまった。しかもこういう状態は茶や生糸の場合にとどまらず、全ての商品においても同然であった。しかし、それ以来、日本は世界の信用を回復し、ようやく現今の状態に至ったわけだが、その原因は何か。それはほかでもない「商業道徳」の必要を感じ、その修養を重要視したからである。商業に「道徳」があるからこそ「信用」が生まれ、「信用」があって不景気も回復し、取引が円満となり、国の富が増すことができるのである。それではどうすれば「商業道徳」を修養することができるか。それは、商人の「品性」を磨くよりほかに方法はない。なぜかといえば、「商業道徳」というのは、商人の「品性」を磨いた結果のものであるからだ。そしてまた、この修養は、将来の商人の本務とすべきものだからである。

「品性」の陶冶《とうや》すなわち修養は、どのようにしたらよいか。業務に対しては、忠実熱心に、し

17歳の頃の正二郎

かも正直であれ。勤勉であれ。誠実で忍耐強くあれ。仕事はすばやく、節約・倹約を心掛けよ。用意周到で、しかも、どんな障害にも屈服しないで自分の信念を押し通そうとする強い意志を持て。正直であれば約束を守り、不正を行なって利をむさぼることもない。不正を行なわず、嘘をつかず、しかも人をだますことがなければ、「信用」はこちらから求めなくても自然と得ることができるはずだ。

「勤勉」は幸福と繁盛を生む母である。職務に向かって全力を傾注し、空《むな》しく時を過ごすことなく、手腕を振るい、労働をいやがることがあってはならない。人がもし、働かず努力しないで成功しようと願うなら、それは木に登って魚を求めるようなものだ。富貴《ふうき》は運命ではないのだ。勤勉によって得るものだ。

堅実で忍耐強く、忠実に勇気を持って進もう。失敗は成功のもと。七転び八起きは人生の常である。成功や失敗によって志を変えたりせず、仕事を愛し、猛進して、目的、志をもって進もう。また、節約・倹約に努めよう。現代の世の中は実業競争の世である。富がものを言う時代である。富の増大をはからねばならない。節約・倹約はその手段とすべきである。しかし、富を重視しすぎると、けちに陥ってしまう。それは不道徳なことである。かといって、富を軽視すれば浪費しやすい。

綿密に、またよく注意して社会情勢を詳しく調べ、社会に目覚め、気骨を重んじ、国家のために私事をかえりみず、大胆に商業界の進歩発展に大いに尽くそう。

また、「敏捷《びんしょう》」（すばやさ）も「果断《かだん》（思い切りのよさ）」も、「道徳修養」にはぜひとも必要な条件であって、直接間接に、この二つの要素が重なってプラスとなり、最も完全な「商業道徳」を修めることができるのだ。こうして、富を増し、目的を達し公共に利益をもたらし、国は富を増す。これが、いわゆる「商業道徳」の成果である。衣食が足りないと、不道徳に陥りやすく、経済的な余裕があってこそ「商業道徳」も、美徳も、公共心も、人として守るべき道も守りやすいのだ。「商業道徳」の修養は、現代の国家の重要な務めである。油断は大敵。私も、その他の人も、後に続く若者も、この「道徳修養」を怠ってはならない。

同年代の正二郎にふれた高校生たちは、「久留米市に生まれ育った私たちは、小学校の社会の時間の登場人物というだけでエライ人と捉《とら》えていたが、こんな世界観を持っていたんだと感慨深い。真剣に生きた正二郎さんに心を打たれる。少しでも心を受け継げたら」と感想を述べあった。

父親の病気のため進学をあきらめ、兄・重太郎（二代目徳次郎）とともに家業を継ぐ決心をした正二郎。「全国的に発展するような事業で、世の中のためになることをしたい」と決心した正二郎の十七歳の姿である。青雲の志が息づき、正二郎が生涯を通し人生訓とした「世の人々の楽しみと幸福の為に」という言葉が、すでに胚胎《はいたい》しているように感じる。

5
仕立物業を足袋専業に改める

日露戦争終結の明治三十九（一九〇六）年、正二郎は十七歳で久留米商業学校を卒業した。父親の希望を受け入れて進学を断念し、兄・重太郎と家業「志《し》まや」を継承した。

「私は一生かけて実業をやる決心をした以上は、なんとしても全国的に発展するような事業で、世のためにもなることをしたい」

学問への道を断念した正二郎は大きな失望感を味わったが、心機一転、家業に従事することを決心した。無念の思いが伝わるが、正二郎はうじうじしなかった。

それどころか、兄・重太郎が一年志願兵で陸軍に入営したため、一切が正二郎の責任になった。事業を発展させようと千円、二千円を銀行に借りにいっても十八歳の少年のこと、仲々相手にしてもらえず、血のにじむ思いをした。しかし期日が来れば必ず返済する正二郎の誠意は、次第に「信用」をかたちづくっていった。

正二郎の企業家の才は、すぐに開花する。

当時の「志まや」は徒弟《とてい》七、八人を朝から晩まで無給で働かせ、注文でシャツやズボン下《した》、足《た》袋《び》などを作っていた。これを時代遅れと考え、個々の受注よりも、単品を量産化することの利を悟り一番有利な「足袋」にしぼった。徒弟には、給料を払って意欲と責任をもたせ労働時間も短縮し、当時としては画期的な合理化をした。しかし、父からは「バカなことをした」とひどく叱られた。

　十九歳の時、店の近くに工場を建て、裁縫ミシンを導入し、生産は年々増加した。除隊した兄が戻ってくると、外向的な兄が営業・宣伝を受け持ち、兄弟力を合わせて売り上げを伸ばした。

「志まやたび」本店

　明治四十二（一九〇九）年、正二郎二十歳、この年には年間二十三万足の「足袋」を売り上げ、七千円の純益をあげた。二十一歳の時には、屋敷を改造して、四十人もの職人を持つ「足袋工場の主」となっていた。順調に進む事業を父は大いに喜んだが、同年五十二歳で世を去った。

　さらに、正二郎は、久留米という地方の零細企業を全国に名を広めるためのアイディアを考えた。店頭や顧客同士の口コミ程度では高が知れている。しかし、広告では金がかかりすぎる。そこで、かつて上京

「志まやたび」の宣伝に使用した自動車スチュードベーカー

した時、初めて乗った便利な自動車を思い出し、この自動車によるPRを行なうことにした。九州に自動車が一台もなかった時代。一千円もの大金でスチュードベーカーを買う。中国地方まで乗り回すと「馬のない馬車が来た」と大変な評判で、むしろ「安い広告費で大きな宣伝効果」を収めた。

大正二（一九一三）年、東京で市電に乗った正二郎は、どこまで行っても五銭《せん》均一料金で、また上野、浅草では均一店が繁盛していることを知る。田舎の小さな仕立物屋で多種類の足袋をつくり、足袋の値段は、大きさによって九文《もん》・二十八銭、九文三分・二十八銭五厘、九文七分・二十九銭五厘、十文・三十銭というように文数《もんすう》ごとに値段が違う。それに紺とか、白とか、金巾《かなきん》とかある。売るにも得意先に送るにも大変な手間であった。

大正三（一九一四）年九月、正二郎は「志まやたび」を「アサヒ足袋」と改称し、均一売りの決心をすると「二十銭均一アサヒ足袋」の名前で発売を始めた。時あたかも七月二十八日に第一次世界大戦が勃発し、日本も八月二十三日にドイツに宣戦布告。日本経済は半ば恐慌となり同業者は不景気にあえいだが、「アサヒ足袋」は「均一売り」にした後、六十万足の売れ行きだったものが、一躍二百万足の売れ行きとなって、日の出の勢いで発展していった。

6 正二郎 筑後川の河畔に工場用地を求める

大正五（一九一六）年、二十五歳の正二郎は、久留米市本町の裏屋敷にあった自宅工場を筑後川の河畔《かはん》へ移す計画に着手した。

この地に用地を選んだのは、筑後川の河畔で景観がよく、広告宣伝に役立つし、用水の便がよく、また国鉄久留米駅に近い点などの条件によるものであった。

最初入手したのは、わずか三千坪（九九一八平方メートル）の窪地で、年々洪水のために浸水する荒地なので、坪一円であった。そこに川砂を敷いて八メートルほど埋め立て、煉瓦建一千坪（三三〇六平方メートル）の工場を造りその後次々と拡張していった。（『私の歩み』）

正二郎が新たに工場用地を必要とした背景はこうだ。

大正三（一九一四）年、正二郎は今まで使っていた「志まやたび」の名称を「アサヒ足袋」とし、「二十銭均一アサヒ足袋」として売り出した。足袋の均一価格制実施は文字通り「革新」であった。同業他社は「均一料金」であれば文数の大きな足袋しか売れず損をするといった考えにとりつかれ追随するものはなかった。他の足袋会社は「アサヒ足袋は粗悪品だからできるのだ」と中傷を浴びせていたが、賢明な消費者はアサヒ足袋に軍配を上げた。二年後にはすべての足袋会社が均一制となった。「均一価格制実施」により正二郎の事業は大きな躍進を遂げた。

この年は第一次世界大戦が始まった年で世界的な経済恐慌となり、わが国も不景気で物価がすべて下落した。正二郎は安いうちにと原料を一年の先物《さきもの》まで買った。大正五年になって物価が上向き、「均一価格」の計画も当たって毎年の純益が二十万円、三十万円にも上がり、会社をつくる資本金ができた。

正二郎が賃金制度を始めた頃は十人足らずだった従業員は、「均一価格」の大当たりで、急に二百人、三百人を雇うほどになり、新しい工場を建てる必要に迫られた。

父の没後、正二郎兄弟の心の糧は母のまつであったが、筑後川の河畔に工場を建てようとする話を聞いたまつは、易者のところへ行き「ここに工場を建てれば繁盛限りなし」という卦《け》が出たと兄弟を激励した。

大正七（一九一八）年、筑後川河畔の洗町《あらいまち》に新工場が建ち、日産二万足となった。

仕立物屋業を継いでから十二年。正二郎二十九歳の時には、既に事業経営の基本を学んでいた。

筑後川河畔の日本足袋工場

大量生産によるコスト削減、流通、販売、宣伝の改革、消費者重視の原則である。メーカーとしての経営理念が形成されていった。まず売上高の一割が適正利益、これを基準としてコスト低減を図り、利益蓄積による自己資金によって売り上げを年々二〜三割ずつ増加すること、これを努力目標としている。

大正七年六月には「日本足袋株式会社」を設立、専務取締役に就任（社長は改名した兄・徳次郎）。前年には久留米商業学校時代の校長、太田徳次郎の紹介で、正二郎（二十八歳）は七歳年下の太田昌子と結婚した。九年三月には長男の幹一郎が生まれた。

西洋好みの正二郎は、結婚する頃には着るものは和服は避け、すべて洋服生活に切りかえた。「足袋屋のくせに足袋を履《は》かない」と批判もされたが一向に気にしなかった。

大正七年十一月になると第一次世界大戦は終りを告げたが、昭和の幕開けまで日本経済は相次ぐ恐慌に見舞われた。大戦の終結による戦後不況に直面、社業の行方にも暗雲が漂い始めた。足袋売り上げは激減し初めて欠損金十万円を出した。

この危機を切り抜けるため、正二郎は足袋製造で培った技術、千名の従業員、所有する機械設備を活用して新製品の開発に着手する。第一次大戦のドイツ俘虜兵《ふりょへい》として久留米に連行されていた、ゴム配合技術に詳しかったポール・ヒルシュベルゲルを雇い入れ、「地下足袋《じかたび》」の開発に乗りだした。

7 地下足袋

帆掛け舟が通う筑後川は交通の要路であり、古来流域には数々の産業を育んできた。筑後川上流域、日本三大林業地の日田《ひた》市（大分県）からは水運を利用し筏《いかだ》として木材が川を下り、河口の大川市（福岡県）は日本一の生産高を誇る木工家具の町を形成した。筑後川の豊かな水量は農業の母体となり、流域には肥沃《ひよく》な農地が広がり、わが国有数の米、麦、植木、野菜などの産地となった。

久留米から河口に向かう河畔には酒造りの蔵が建ち並ぶ。有明海からの逆潮作用の上に乗った真水から淡水《あお》を取り入れ、馥郁《ふくいく》たる酒の数々をつくり、日本三大酒造地となっている。

製造の過程でゴムを冷却するゴム工業では多量の用水が欠かせない。筑後川のほとりは願ってもない場所だった。この地はやがてブリヂストン発祥の地となり世界飛躍の舞台へとつながる。

「日本人の発明したヒット商品」を特集した月刊『太陽』（平凡社・一九八〇年五月号）は、松下幸之助がつくり出した「二股《ふたまた》ソケット」と、石橋正二郎の「地下足袋」がその代表商品だと紹介した。「地下足袋」についてこう述べている。

地下足袋の試作は大正八（一九一九）年頃から始めた。それまでも地下足袋はあったが、ゴム底を縫いつけていたため、糸がすぐ切れて耐久性がなかった。その欠点を、ゴム糊で貼り付けることで解消。この新しい地下足袋は大正十二（一九二三）年一月一日から発売され、好評を博し、爆発的に売れその年百五十万足が売れた。この製法を考案したのは石橋正二郎であった。

正二郎自身は「地下足袋」の創製について次のように書いている。

勤労者の履物《はきもの》は昔からの原始的な草鞋《わらじ》で、耐久性がないから一日一足ははきつぶす。農村では夜なべをして自家生産するが、買えば五銭もするし、その上足袋もいるし、どうしても一日五、六銭から十銭もかかる。その頃の賃金は日給一円内外であったから、草鞋代もなかなか馬鹿にならない負担で、しかも草鞋は農業や林業、鉱山では足に力が入れにくく、能率が上がらない。やや進化したものにゴム底足袋があったが、これは普通の足袋にゴム底をかがりつけたもので、手作業のため工賃が高くつき、糸がすぐにすり切れるので実用的なものでない。そこでこれを耐久性のあるものに改良し、能率的にコストを安くつくる研究を進めていたところ、兄が大正八（一九一九）年東京の三越で求めてきてはき古したテニス用ゴム靴にヒントを得て、私は大阪の工業試験場に行き、ゴム主任技師田中胖《ゆたか》氏を訪ねゴム技師の紹介をたのんだ。同氏は友人森鉄之助氏を推薦され、わが社の技師堤福次郎氏と研究の結果、ゴム糊の接着により堅《けん》牢《ろう》な試作品をつくり出すことに成功した。今から四十年前のことで、わが国ゴム工業の技術はまことに幼稚なものであった。試作品一千足をつくり、三池炭鉱で試用してもらったが、作業しやすく、耐久力も十分で、山の上がり下がりにも滑らず重宝だと好評であった。そこで実用新案を出願し、大正十二（一九二三）年一月から販売を開始した。これが「アサヒ地下足袋」の誕生である。

（『私の歩み』）

世の中の為になり、同時に会社を大飛躍させる、正二郎は勤労者の履物の革命を図ることに着目し、「地下足袋」への生産転換を図った。それだけではない。低コストにするには大量生産、大量販売が欠かせないものと考え、「地下足袋」の試用を日本最大級の生産量を誇る大牟田《おおむた》・三井炭鉱の宮原坑《こう》に求めた。

宮原坑は、久留米の南約三〇キロにあり、明治三十一（一八九八）年に開坑した三井三池鉱の主力坑である。昭和六（一九三一）年に採炭が終わった後も坑道排水施設として、一九九七年三月の閉山まで活用された。

三池炭鉱での地下足袋の試用効果は絶大だった。

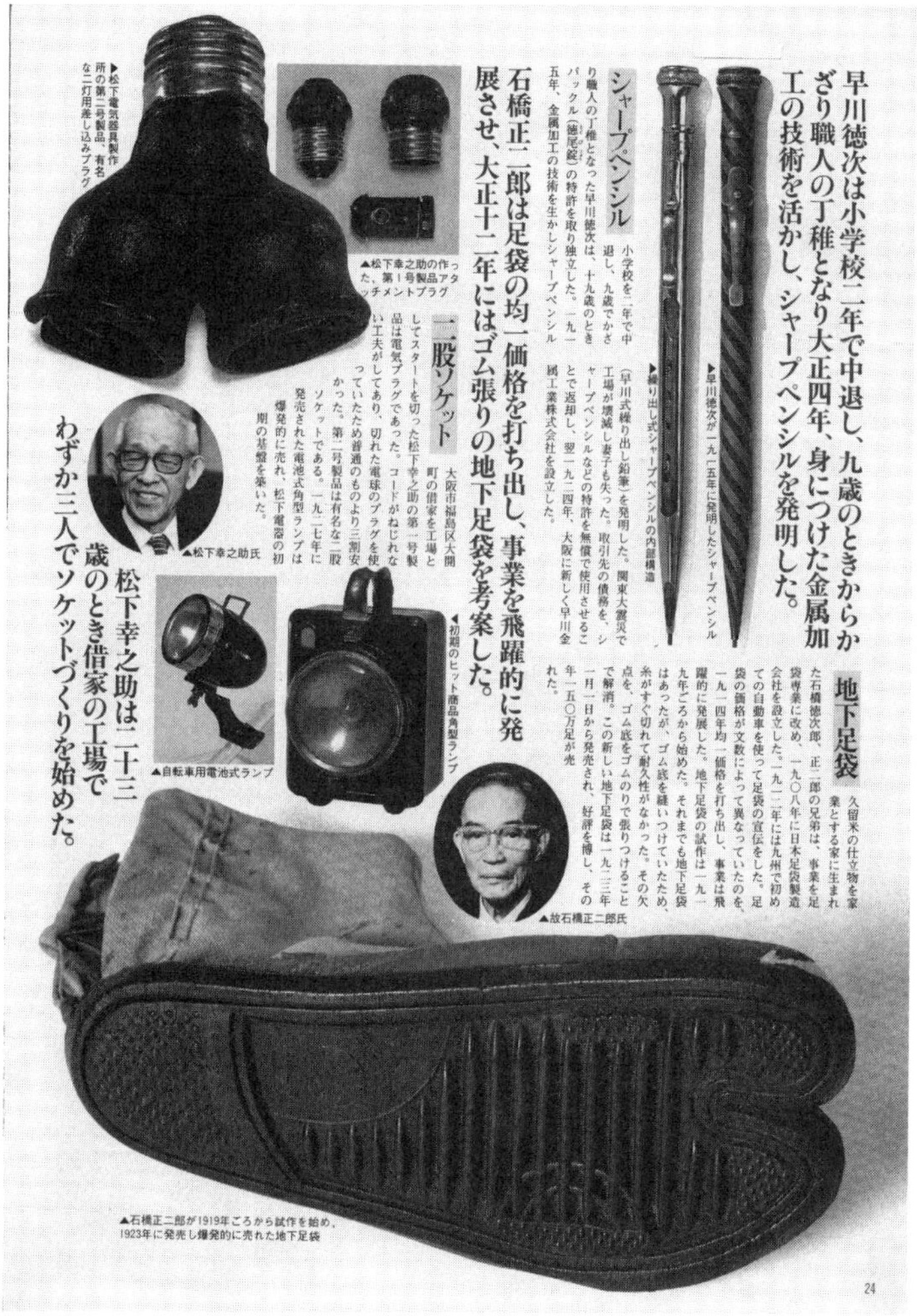

早川徳次は小学校二年で中退し、九歳のときからかざり職人の丁稚となり大正四年、身につけた金属加工の技術を活かし、シャープペンシルを発明した。

▶早川徳次が一九一五年に発明したシャープペンシル

▶繰り出し式シャープペンシルの内部構造

シャープペンシル

小学校を二年で中退し、九歳でかざり職人の丁稚となった早川徳次は、十九歳のときバックル(徳尾錠)の特許を取り独立した。一九一五年、金属加工の技術を生かしシャープペンシル(早川式繰り出し鉛筆)を発明した。関東大震災で工場が壊滅し妻子も失った。取引先の債務を、シャープペンシルなどの特許を無償で使用させることで返却し、翌一九二四年、大阪に新しく早川金属工業株式会社を設立した。

地下足袋

久留米の仕立物を家業とする家に生まれた石橋徳次郎、正二郎の兄弟は、事業を足袋専業に改め、一九〇八年に日本足袋製造会社を設立した。一九一二年には九州で初めての自動車を使って足袋の宣伝をした。足袋の価格が文数によって異なっていたのを、一九一四年均一価格を打ち出し、事業は飛躍的に発展した。地下足袋の試作は一九一九年ごろから始めた。それまでも地下足袋はあったが、ゴム底を縫いつけていたため、糸がすぐ切れて耐久性がなかった。その欠点を、ゴム底をゴムのりで張りつけることで解消。この新しい地下足袋は一九二三年一月一日から発売され、好評を博し、その年一五〇万足が売れた。

▲故石橋正二郎氏

石橋正二郎は足袋の均一価格を打ち出し、事業を飛躍的に発展させ、大正十二年にはゴム張りの地下足袋を考案した。

▲松下幸之助の作った、第1号製品アタッチメントプラグ

▶松下電気器具製作所の第二号製品、有名な二灯用差し込みプラグ

二股ソケット

大阪市福島区大開町の借家を工場としてスタートを切った松下幸之助の第一号製品は電気プラグであった。コードがねじれない工夫がしてあり、切れた電球のプラグを使っていたため普通のものより三割安かった。第二号製品は有名な二股ソケットである。一九二七年に発売された電池式角型ランプは爆発的に売れ、松下電器の初期の基盤を築いた。

▲松下幸之助氏

◀初期のヒット商品角型ランプ

▲自転車用電池式ランプ

松下幸之助は二十三歳のとき借家の工場でわずか三人でソケットづくりを始めた。

▲石橋正二郎が1919年ごろから試作を始め、1923年に発売し爆発的に売れた地下足袋

24

月刊『太陽』(1980年５月号)

電気工夫にはその絶縁性が喜ばれ、鉱山ではワイルス氏病の予防にもなるので、「入坑者は必ず用いなければならぬ」という規則ができたほどで、需要は拡大した。

大正十二（一九二三）年に二百万、十三年に四百万、昭和三年には一千万、昭和十年は二千万足と加速度的に需要は増加した。「アサヒ地下足袋」は、三池炭鉱から全国の大衆へと広がった。

昭和大恐慌の真只中《まっただなか》にあった昭和五（一九三〇）年の帝国議会では、井上準之助蔵相が、「かかる不況の中にもなお繁盛発展しているものがある。東のマツダランプと西の日本足袋会社だ」と発言している。

地下足袋の試用当時、三井炭鉱の最高地位にいたのは同社事務長の團琢磨《だんたくま》（一八五八〜一九三二）であった。黒田藩の中級武士の家に生まれた琢磨は、十三歳にして明治新政府の岩倉具視らの米欧視察団に同行し、七年間、米国に留学。マサチューセッツ工科大で鉱山学を学んだ。官業払下げ政策により、官営炭鉱は三井財閥の運営となり、團琢磨が招かれた。

團琢磨は炭鉱の近代化をすすめる一方、石炭の積出港として三池港を築港した。

「石炭の永久などあり得ぬ。築港をやれば事業を興すことができる。いくらか百年の基礎にはなるだろう」

築港の決意をこう述べた。百年先を見据えた男の生き様だ。

大型船が着岸できるよう潮の干満を利用して開閉する閘門式《こうもんしき》水門の技術は、留学で学んだ。明治四十二（一九〇九）年開港した三池港の閘門は今も稼動している。

三井合名会社理事長へのぼりつめた團琢磨は、日本工業倶楽部（現日本経団連）を設立、初代理事長となったが、世界恐慌と満州事変の動乱の中、昭和七（一九三二）年、血盟団のテロで暗殺された。その前年、正二郎は團琢磨を訪ねている。

「三井の総元締め團琢磨氏の原宿の自邸に挨拶に行ったところ、日本は今深刻な不況で、なお続くと思うから、新事業には手を出さぬように厳重に止めているが、自動車タイヤは将来有望だから賛成ですと言われ、励まされた」

　この言によって、正二郎はタイヤの国産化を決意するが、このことは後に詳述する。また、團琢磨と正二郎の出会いは、その後、琢磨の孫、音楽家の團《だん》伊《い》玖《く》磨《ま》の妹が正二郎の長男・幹一郎と結婚し久留米と近しい関係になり、合唱組曲『筑後川』をはじめとする九州を主題にした團伊玖磨の音楽作品が数多く生まれることにもなった。

「地下足袋」は大正年代末期の頃から約三十年間、日本人にとってなくてはならない作業用の履物であった。「ゴム産業」の町久留米へと発展し今日の久留米市を支える基盤をつくった。

「地下足袋」は正二郎がつけた固有名詞であったが、広く一般に使われるようになった。採炭にあたる地下作業の人たちの間に人気を博し、全国に広まったことから、この地では地下で履いた足袋から「地下足袋」と呼んだという風説も残っている。

8

ドイツ兵俘虜とゴムの町

平成元（一九八九）年の年が明け、間もなくして幹一郎が久留米に来た時、大晦日《おおみそか》のＮＨＫテレビ「ゆく年くる年」で放映された徳島での『第九』演奏の話になった。大正七（一九一八）年六月一日に、徳島・坂東《ばんどう》ドイツ兵俘虜収容所《ふりょしゅうようじょ》で、ベートーベンの『第九交響曲』が日本初演され七十年の記念の年を迎えたため、当時の姿を再現したものだった。その話から、ドイツ兵俘虜と久留米の町の話に及んだ。

幹一郎が子供の頃、久留米の町で多数のドイツ人を見かけていた。親しみを込めて「ドイツさん」と呼んでいた。菓子作りの職人だったドイツ兵は洋菓子の作り方を土地の人に教え、酪農や西洋野菜の栽培法を教授したという。

第一次大戦で久留米の第十八師団は中国・青島《ちんたお》に出兵、ドイツ軍を攻略し五千名を俘虜として日本へ送った。ドイツ兵俘虜の収容所が久留米市国分町に設けられ、わが国最大の一、三一九名が収容された。「鬼畜米英《きちくべいえい》」「生きて虜囚《りょしゅう》の辱《はずかし》めを受けず」などと叫ばれた第二次大戦中と違って、俘虜兵にはかなりの自由が与えられた。ドイツ兵への敵意、捕虜への蔑《さげす》みは薄かった。市民との交流は多方面にわたって行なわれ、機械、染色、製パン技術の指導は久留米のゴム産業や製パン業の発展

俘虜収容所で開かれたドイツ俘虜兵のコンサート

に寄与した。

久留米高等女学校（現・福岡県立明善高等学校）の同窓会誌には、俘虜たち四十五名が、大正八（一九一九）年十二月三日、女学校を訪れ、なぎなた術の実演を参観した後、『第九』を校内で演奏したことが残されている。

幹一郎は、日本足袋時代からタイヤ創製の時期に、俘虜兵でドイツ人技師、ポール・ヒルシュベルゲル氏を正二郎が採用したこと、そして同氏の功績は忘れてはいけないと話した。久留米のゴム産業の発展に、ドイツ兵俘虜が果した功績は大きいことも付け加えた。「そういう記録は残されていいと思うね」という幹一郎の言葉から、古い資料を拾い出していく中で、ポール・ヒルシュベルゲル氏のことが載《の》っている新聞記事が目にとまった。

日本ゴムに西独から旧友訪れる

第一次大戦中、ドイツ兵捕虜として久留米に連行されたが、ゴム配合技術に詳しかったため日本ゴム（当時は日本足袋）に招かれ、昭和七年まで久留米工場で技術指導に当たり、西ドイツに帰った後も同社と西独ロミカ社との提携に骨を折るなどしたポール・ヒルシュベルゲル氏（一九六四年死去）の未亡人ドラさん（八十・西独ハンムンデン在住）が、石橋徳次郎社長の招待で二十五日、久留米を訪れた。夫人も昭和四年、ドイツから来日して神戸で結婚、久留米にも四年間住んでいた。夫人は以前から日本を訪れ旧交を温めたいと願っていたが、昨年石橋社長が西ドイツを訪れた際に再会、今回の四十年ぶりの訪日となった。夫人は久留米市洗町の日本ゴム工場を見学、同社長と懇談したあと、高良山《こうらさん》、梅林寺《ばいりんじ》など市内を見学したが、片言の久留米弁を交えながら「久留米はビッグタウンになった」と何度も繰り返し、歳月の流れに感じ入っていた。（一九八二年十月二十六日付西日本新聞）

正二郎は大正十二年にポール・ヒルシュベルゲル氏を雇《やと》い入れ、ゴム配合の研究をさせた。『水明荘夜話』には功績者の一人としてポール・ヒルシュベルゲル氏を詳しく紹介している。


ドイツ人。ゴム技術者で日独戦青島《ちんたお》の俘虜であった。

大阪角一ゴム奉職中、田中胖氏の推薦にて日本ゴム入社。

大正十二年、三十六歳。あらゆるゴム技術について博《ひろ》き知識を有し、またよく勉強し研究心旺盛であったため、ゴム事業創業時代のわが社としては最適任者であった。ゴム技師長として地下足袋、ゴム靴その他ゴム薬品の配合研究、工程研究、作業能率研究に寄与し、又、自動車タイヤの創業に参画し、ゴム科学的研究、構造工程の研究などはもとより、機械設備計画など、ブリヂストンタイヤ会社の創業に功績を残した。

資性才気に優れ、創意工夫応用の才あり。精力旺盛健康そのものの如く、朝早く工員と同時に出勤し、現場の指導監督に奮闘して工員とともに退社し、夜間は研究に没頭し倦《う》まざる努力を積み、責任感強く他人の三倍以上の能率をあぐる精勤振りは実に模範であった。昭和八年、四十六歳の時退社す。在籍十年。

ドイツ兵俘虜慰霊碑（野中町）

さらに『わが人生の回想』では「昭和四年、自動車タイヤの製造機械を米国に発注するに際し、タイヤ製造用金型《かながた》に品名を彫刻するためにブランドを決定する必要があった。私は森鉄之助、ヒルシュベルゲル両氏と打ち合わせた結果、製品の海外輸出の為に英語が通りやすいと考え、私の姓『石橋』を英訳しStone Bridgeとなるが、これでは語呂《ごろ》が悪いので、逆にしてBridge Stoneと決定した」と正二郎は書いている。
そして「機械を米国に発注する際極秘で研究しなければ失敗する」とポール・ヒルシュベルゲル氏は助言したと『私の履歴書』には記している。

正二郎はブリヂストンタイヤ創立二十五周年記念式（一九五六年）で、特別功労者として他の五名と共にポール・ヒルシュベルゲル氏を表彰した。先輩技師の森鉄之助氏らと初期のゴム技術を築いた功績であった。

久留米俘虜収容所に五年三ヶ月収容されたドイツ兵俘虜は、その間に十一名が死亡している。俘虜たちは帰国に際し慰霊碑を建立した。碑にはドイツ語で「運命の力により剣を奪われ、捕われの身となり黄泉《よみ》の国に去った汝《なんじ》ら」、台座には「故郷はるか遠く逝《い》った同志達の思い出のために」と鎮魂の詩が刻まれている。

「ドイツ兵俘虜慰霊碑」は久留米市野中町に建っている。

9 梅林寺外苑

「正二郎はね、厳寒に耐えて静かに花を咲かせる梅が特に好きだった」と幹一郎は言う。寒風の中に人知れず高貴な香りを放ち、気品を秘め美しく咲く。寺の名前が「梅林寺」で、寺を囲むように梅林公園の「梅林寺外苑《がいえん》」が筑後川のほとりにある。

梅林寺は筑後川の河畔、ＪＲ鹿児島本線久留米駅のすぐ西側の母岩の丘の上に建つ。「紫海禅林《しかいぜんりん》」の扁額《へんがく》を仰いで古めかしい山門をくぐると、右に白砂青松《はくさせいしょう》の前庭が箒目《ほうきめ》の跡も正しく庫裏《くり》に誘ってくれる。

梅林寺は元和《げんな》七（一六二一）年、丹波国《たんばこく》（現・京都府）福知山《ふくちやま》から領地替えで、久留米藩初代藩主となった有馬豊氏《ありまとようじ》が、菩提寺《ばだいじ》として建立。福知山にあった瑞巌寺《ずいがんじ》を移し、歴代藩主が祀《まつ》られている。京都の臨済宗妙心寺派の禅寺で、現在も九州の代表的な臨済宗の修業道場として有名だ。

約三万平方メートルの敷地に、本堂、庫裏《くり》、金剛窟《こんごうくつ》（座禅堂）、有馬家霊廟《ありまけれいびょう》など、重厚な建物が並ぶ。国の重要文化財「絹本著色釈迦三尊像《けんぽんちゃくしょくしゃかさんそんぞう》」や尾形光琳、長谷川等伯《とうはく》の絵、加納雨蓬《かのううおう》のふすま絵など、貴重な文化財もある。

寺の名前の「梅林」は、有馬豊氏の父、則頼《のりより》の戒名《かいみょう》「梅林院」に由来し、「瑞巌寺」を「梅林寺」に改めた。

四百年近い歴史を持つ梅林寺は梅の名所としても広く知られている。「梅林寺外苑」には、王剣、紅ちどりなど約三十種五百本の梅の木があり、梅のシーズンには紅白の花が咲き乱れ、たくさんの観光客が訪れる。「梅林」という寺の名前からして、昔から梅の名所と思われがちだが、梅林が整備されたのはそれほど遠い昔のことではない。梅林寺が名実共に「梅林の寺」になったのは昭和三十三（一九五八）年のこと。

梅林寺は筑後川に沿って清流を臨み、山あり、谷ありで変化に富み、遠く背振連山《せぶりれんざん》をながめ、優れた景勝の地として篠山城《ささやまじょう》と共に名所の一つに数えられているが、最近においては見るに耐えないほどに荒れ果てて訪れる人影もない寂しい有様になっていた。私は開山三百五十年の記念事業として墓地を整理し、窪地を埋め立てて造園し、休憩所を設けるなど、市民はもとより遠来の旅客を楽しませる観光の名所になるようにと考え、ブリヂストンタイヤ会社で昭和三十一（一九五六）年工事に着手、総工費千五百万円を持って昭和三十三（一九五八）年完成した。

（『私の歩み』）

修行の場として三百年以上門を閉ざしてきた寺は、正二郎の寄贈によって外苑が整地、植樹され梅林公園が誕生した。

昭和二十二（一九四七）年から約二十年間雲水《うんすい》として梅林寺で修行し、外苑建設時には旧墓の移籍などに自ら係わった、元大本山妙心寺派管長の東海大光《とうかいだいこう》老師は、「梅林寺は禅学の修行道場であった。民衆といよいよ離れていく名刹《めいさつ》が、長い封建制の中からおどり出て世間と接触し調和するためにも、折角恵まれた景勝の地と人心の浄化のために、そしてまた市民のレクレーションの場となり、遠来の客人を楽しませる観光名所にと石橋正二郎氏は建設寄附を申し出られたものと察せられます」と感慨を述べる。

「外苑の植栽にあたり、梅林寺だから梅がよかろう、と玄照《げんしょう》和尚《おしょう》と正二郎氏が意気投合され、今の外苑になりました」

東海大光老師が梅林寺の老師だった頃、伺った話である。

「雪の寒苦《かんく》を　ようよう凌《しの》ぎ　梅も花咲く　春に逢《あ》う」

四年の妙心寺派管長の大役を終え平成二十二（二〇一〇）年に久留米に帰郷した老師は、梅林寺山本分院を訪ねた私にこの歌を示し、梅林と正二郎について話をしてくださった。

七十四歳の正二郎は、梅と縁深く「飛梅《とびうめ》」で知られる菅原道真《みちざね》公についてこう書いている。

郷里久留米の近くに太宰府天満宮があり、菅原道真公を祀ってある。学問の神様ということで、私は子供のとき、毎年正月にお詣《まい》りする習わしであった。そして道真公のつくられた和歌「心だに　誠の道にかないなば　祈らずとても神や護《まも》らん」をいつとはなしに憶えてしまい、これが、私の生涯を貫く信念になっているように思う。

幹一郎は、「久留米工場の工業用水を筑後川から引く時、梅林寺敷地の一角に採水ポンプを設置させてもらった。境内あたりは川底の岩盤がしっかりしていて、採水ポンプの設置に適していたと正二郎から聞いていた。梅林寺とブリヂストンの縁が更に深くなった」とその由縁を教えてくれた。採水は現在も続いている。

「堤防が決壊した昭和二十八（一九五三）年の筑後川大水害では、久留米市中心部の大半が浸水したが梅林寺は高台にあったため被害を受けず、被災した住民が身を寄せる場所となりました。平成十七（二〇〇五）年三月、震度５強の福岡沖地震に見舞われた時、強い岩盤の上に建つ梅林寺の建物はびくともしませんでした」

梅が見ごろの梅林寺外苑

現・十九世梅林寺僧堂《そうどう》・悠江軒《ゆうこうけん》老師は話す。

そしてさらに「城内でもない、外堀の中でもない、城から一キロ離れた地に、初代藩主有馬豊氏が菩提寺として梅林寺を建立したことは、戦略的な意味もあったと思われるが、強固な岩盤を選んでこの地に建てた。正二郎さんが梅林寺境内の一角に工業用水ポンプを設置されたのも、タイヤ製造の生命線を維持するという大きな目的があってのことだったのでしょう」と続けた。

温故知新《おんこちしん》、創業六十年の年（一九九一年）ブリヂストン全役員は発祥地・久留米での取締役会後、「正二郎ゆかりの地」を巡る中、梅林寺を訪ねた。

悠久の流れを誇る筑後川と共におよそ四百年の時を重ねてきた古刹《こさつ》は、時代を超えて久留米の町を静かに見守っている。

創業60年の年の取締役会「正二郎ゆかりの地」見学で梅林寺を訪れた一行
（左・石橋幹一郎、右・悠江軒老師）

在りし日の久留米・篠山城

10

筑後川と正二郎 幹一郎の『筑後川』

筑後川は、筑後平野の中心久留米に入ると、ゆったりとした流れになり、満々と水をたたえた姿は、九州一の大河に相応《ふさわ》しい。全長一四三キロの流域内人口はおよそ百三十万人に及ぶ。

河畔に建つブリヂストンの工場、正二郎が創業した発祥工場である。その北側に隣接する篠山《ささやま》城祉は、元和七（一六二一）年、丹波福知山（現・京都府）の城主有馬豊氏が、この城に入り筑後川を最良の城壁として整備したものである。明治の初め廃城となり今はその姿はない。

高台の城祉から見る風景は、正二郎の一生の滔々《とうとう》たる大河に似ている。常に新しいものを入れ、常に新しい方向へ進んでいる。〝心水の如し〟という言葉がある。水こそ正二郎の表徴であろう。

世界文明の誕生と人類の残した歴史の足跡は、そのすべてが大河の流域で発生し発展を遂げている。筑後川は時には手ひどい洪水をもたらしたが、たくさんの水の幸を運びつつ、同時に豊かな文化をも育んだ。

春を迎える河川敷に圧倒的な量感で広がる菜の花は、見事というほかはない。筑後川の大きな光景は正二郎の心をも育てていったのだろう。「筑後平野の百万の生活の幸を」支える大河はそんな思いを語ってくれている。

河口

終曲《フィナーレ》を
こんなにはっきり予想して
川は大きくなる。
終曲《フィナーレ》を華やかにかざりながら
川は大きくなる。
水底のかわいい魚たち
岸辺のおどけた虫たち
中洲のかれんな小鳥たち

さようなら　さようなら。
川は歌う　さようなら。

紅《くれない》の櫨《はぜ》の葉　樟《くすのき》の木陰《こかげ》
白い工場の群よ
さようなら　さようなら
筑後平野の百万の生活の幸を
祈りながら川は下る
有明の海へ
筑後川筑後川　その終曲《フィナーレ》あゝ

合唱組曲『筑後川』終章「河口」のフィナーレの詩である。

昭和四十三（一九六八）年、石橋文化ホールを拠点とし活動する久留米音協合唱団が、ホールと共に五周年を迎える時に、幹一郎は「郷土の讃歌になるような合唱曲を」と、筑後川を主題にした作品を構想し、郷土の詩人・丸山豊と作曲家で義弟の團伊玖磨の両氏へ依嘱《いしょく》した。

第一章「みなかみ」、第二章「ダムにて」、第三章「銀の魚」、第四章「川の祭」、第五章「河口」の五楽章から成る合唱組曲『筑後川』の初演は同年十二月、石橋文化ホールで作曲者自身の指揮で行なわれた。初演は大成功を収め、全国合唱コンクール課題曲となり、中・高校の教科書にも載り、

初演のレコードジャケット

『筑後川』コンサート後のパーティで挨拶をする石橋幹一郎（左）。
右に指揮の團伊玖磨（1992年11月15日　久留米・石橋文化ホール）

瞬く間に全国に広がった。翌年には楽譜が出版され、その冒頭には「筑後なる石橋幹一郎に」の献辞《けんじ》が團伊玖磨により付されていた。

幹一郎は初演収録レコードをつくり、合唱団員はじめ全国の関係者に贈った。レコードジャケットの装画は、團伊玖磨の妹でもある朗子《さえこ》夫人の手によるもので、夫妻揃っての愛情が注がれていた。

久留米から発信された『筑後川』は、クラシック音楽界の異例のヒット作品、日本を代表する名曲となり、楽譜は十六万部に達するロングセラーとなった。幹一郎は久留米での『筑後川』コンサートにたびたび足を運び、市民手作りのステージを激励した。

平成九（一九九七）年六月三十日、石橋幹一郎は肺炎のため七十七歳で逝去《せいきょ》した。

東京での社葬の後、「名誉市民　石橋幹一郎市民葬」が同年八月六日、久留米市県立体育館で行なわれた。久留米音協合唱団が歌う『筑後川』が会場を包む中、献花を続ける四千名の参列者が手にしたパンフレットには「河口」の歌詞と共にこう書かれていた。

『筑後川』は石橋幹一郎氏が郷土の美しさを讃えた曲をとの発意から贈られた作品でした。現在も全国で広く愛唱され名曲となっているこの作品は五楽章から成り、楽譜の冒頭に〝筑後なる石橋幹一郎に〟の献辞が付されている。幹一郎氏が愛聴して止《や》まなかったこの曲を市民葬で合唱し、流域の人々の幸せを祈りながら悠々と流れ、再び静寂にかえる『筑後川』に故人を偲《しの》びつつ終曲「河口」をここに記す。

正二郎の「世の人々の楽しみと幸福の為に」のメッセージを継承し発展させた幹一郎。この理念は郷土のバックボーンとなり、市民の大きな誇りになっている。

一滴の水が大河へと成長し、河口に達してもなお、川の水が永遠に尽きぬが如く、人々の心に脈々と『筑後川』の曲は流れていくのだろう。

第二章　足袋からタイヤへ

創業期のブリヂストンタイヤのポスター

1

日本で初めて　高層建築の工場

「正二郎はね、地下足袋の増産を目指して高層建築の工場とコンベア・システムの採用を試みた。わが国でも最も早い試みであったと思う」と幹一郎は話していた。

大正十二（一九二三）年、足袋製造からゴム工業に転業し、地下足袋を創製した正二郎。地下足袋の販売は年間百五十万足にのぼり、新製品は飛ぶように売れた。増産のために昼夜兼行《ちゅうやけんこう》、設備を増やしても間に合わず、注文を断るのに苦労するほどであった。「国内はもちろん、満州、朝鮮、支那《しな》に販路は広がり『天馬雲をゆく』といわれ業界の驚異であった」（『私の歩み』）

好きな言葉「旭日昇天《きょくじつしょうてん》」から「アサヒ」を思いついた正二郎は、商標の近代化も考え「志また び」から「アサヒ地下足袋」に変えていた。

大正十三（一九二四）年、工場が火災により焼失するという事故が起きたにもかかわらず〝災い転じて福となす〟の例えの如く、直ちに鉄筋コンクリート建二万坪（六階建四工場）を建設。

全国の需要を一手に供給するために世界の工業界の生産方式を種々研究した正二郎は、その最高方式はなんといっても、フォード自動車工場のコンベア・システムであると断定した。このシステムを自社用に改良工夫して高層建築の工場にゴム工業界最初のコンベア・システムを導入した。

昭和初期の日本足袋会社の高層工場（まだタイヤ工場の姿はない）

能率経営の要件として、第一に機械力の利用、第二には製品の標準化を目指した。熟練は人に求めずして機械に求めるようにしたから未熟な作業者でも能率を上げることができた。その結果、生産性は驚くほどのスピードで向上し、五千人の従業員が働く大工場を造り上げた。現在、ＪＲ鹿児島本線筑後川鉄橋河畔にアサヒコーポレーションの工場として、その姿を残している。

昭和三（一九二八）年には、福岡市にゴム靴専門工場として、五階建約一万坪（三三、〇〇〇平方メートル）の工場を建設した。地下足袋ではなくゴム底の布靴《ぬのぐつ》、長靴《ながぐつ》を製造する工場であった。正二郎は、日本人の生活様式の変化が履物にも波及することを見抜いていた。ゴム靴の需要は、特に学生の通学・体育用として拡大の一途を辿《たど》った。

地下足袋とゴム靴の好調により、日本足袋株式会社の業績は順調に伸長し、資本金も大正十四年当時の百万円から昭和四年には五百万円に増大した。昭和恐慌にあっても同社の経営が揺らぐことはなかった。

ゴム靴を積極的に輸出して原材料輸入代金をカバーすることを事業観としていた正二郎は、海外活動をも活発に具体化していった。

既に久留米工場、福岡工場の製品による海外輸出は、昭和六（一九三一）年頃、千万足以上に及んでいた。関税など海外輸出国からの反攻を予見していた正二郎は、現地での生産を考えた。昭和八（一九三三）年の青島（中国）工場に始まり、上海工場、満州遼陽《まんしゅうりょうよう》工場、朝鮮工場、台湾工場、タイ工場と海外工場をつくりあげた。

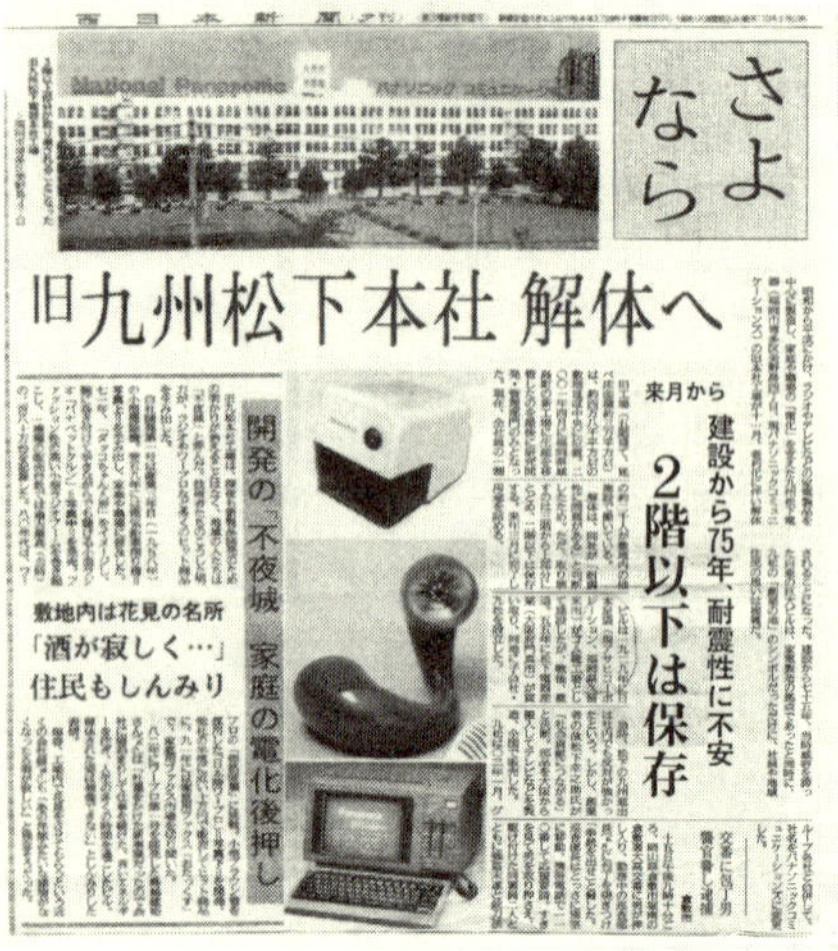
西日本新聞 夕刊

さよなら

旧九州松下本社 解体へ

来月から

建設から75年、耐震性に不安

2階以下は保存

開発の「不夜城」 家庭の電化後押し

敷地内は花見の名所

「酒が寂しく…」

住民もしんみり

2004年10月16日西日本新聞

しかしこれらの海外工場は終戦によりすべてを失うことになる。

日本足袋福岡工場は戦後は日本ゴム福岡工場と呼ばれていたが、昭和三十（一九五五）年、建物は松下電器産業株式会社に売却された。昭和から平成にかけ、家電製品を製造してきた九州松下電器（現・パナソニックシステム・ネットワークス株式会社）の本社工場となっていた。平成十八（二〇〇四）年十月十六日の西日本新聞には「ビルは一九二八年に日本足袋（現アサヒコーポレーション）がゴム靴工場として建設したが、戦後、撤退。五十五年に松下電器産業

（大阪・門真市）が買い取り、同地に子会社・九州松下電器を設立した。建設から七十五年、当時威容を誇った白亜の巨大なビルは老朽化に伴い解体される」と報じた。筑後川河畔に建つアサヒコーポレーションの工場とよく似た姿の工場写真が注目を集めた。

2

時を刻み正二郎の志を伝える秩父宮記念館

「正二郎はね、わずか三週間ばかりでこの建物を建造し、秩父宮殿下《ちちぶのみやでんか》、同妃殿下《ひでんか》をお迎えした。この室内の壁を見てごらん、工期が迫っていたため普通の土壁と違い紙壁になっている」と幹一郎は秩父宮記念館で教えてくれた。

同館は久留米市櫛原町《くしはらまち》に今も残る。正二郎が昭和二（一九二七）年から東京に転居した十三年までの十一年間、生活の拠点とした私宅の一部である。

昭和五（一九三〇）年、正二郎は秩父宮、同妃殿下を久留米の私宅（久留米市櫛原町）にお迎えした。それは陸軍大学校生であった殿下が大刀洗《たちあらい》飛行場に訓練入隊されるため、そのご宿泊をつとめてほしいと、当地第十二師団長《しだんちょう》ならびに福岡県知事からの要望を、春に受けたことによる。正二郎は直ちにこれをお受けした。

「時恰《ときあたか》も炎暑の季節、私邸ではあまりにも恐れ多い」と、正二郎は新館を増築する計画を立て、東

建設当時の石橋正二郎私邸、右の建物が秩父宮記念館

京清水組（現・清水建設）に請負《うけお》わせ、六月二十三日地鎮祭を行ない、七月二十五日落成式を挙げた。八月のご宿泊までの間に、平屋建京都風総檜造《そうひのきづく》りのご泊所百坪を、一ヶ月足らずで私邸の庭に急造させた。

そして全邸をご一行のために提供し、兄・徳次郎の妻佳念《かね》と正二郎の妻昌子が奉仕にあたった。

七月三十一日午後六時、両殿下は石橋邸へご到着。ご滞在中は「天佑《てんゆう》とも言うべく」気温はあまりあがらなかった。「殿下の飛行機が上空を旋回される時、正二郎は庭に出て最敬礼をしていた」と幹一郎は話をしてくれた。飛行機ご搭乗五回にわたり、夜半三時ご出勤、夜十時過ぎご帰館もあった。

両殿下はご滞在中には史跡巡視、工場視察を行ない、地方産業に対し激励された。日本足袋株式会社の視察は、昭和五年八月五日。御着、午後三時十分。御発、午後四時三十四分。

ご台臨の様子は滞在中の様々な記録写真と共に、『秩父宮、同妃殿下御宿泊記念写真帖』（昭和五年八月　山浦翠村撮影）に残されている。正二郎自らの発行である。私がこの『写真帖』を示しながら、奥深い歴史を説明したのは、ブリヂストンが創業六十年（一九九一年）を迎えた年に、発祥地久留米工場で取締役会が行なわれた時だった。「還暦」を迎え、創業の原点に戻り将来への更なる発展を期すものであった。取締役会後、役員は秩父宮記念館はじめ久留米に点在する「正二郎ゆかりの地」を見学した。

正二郎が秩父宮殿下に試作タイヤをご覧に入れた話を私がしたところ「正二郎にとっては不退転《ふたいてん》の気持ちでタイヤ事業にかける思いを奏上《そうじょう》したに違いない」と幹一郎は補った。

正二郎は秩父宮殿下を日本足袋株式会社久留米工場にお迎えし次のように奏上した。

一、今から二十五年前、ちょうど日露戦争の済みました明治三十八年の春に、父の経営しておりました普通足袋の事業を、私共兄弟の共同事業として引き継ぎました。
当時は、使用人も五、六名の小さいものでありましたが、翌年市内に小工場を造り、それから欧州大戦の好況に当たりまして、大正七年にこの工場の一部を建設し同族出資にて株式会社に致しました。
一、大正十二年に至り、普通の足袋製造より今日のゴム底地下足袋の創製発売に移りました。そして昭和元年の頃より、更にゴム底ヅック靴の外国輸出を計画して福岡工場を新設いたしました。
一、今春二月、当本社工場とこの事務所の新築とが概《おおむ》ね完成するに当たりまして、前社長である兄の後を継いで私が社長に就任いたしました。
一、更にまた本年より自動車タイヤの研究的製造を始めております。
一、只今の株式資本金は五百万円であります。

一、久留米の本社工場は地下足袋、福岡工場はゴム靴製造であります。
一、従業員は本社工場三千八百名、福岡工場千九百名、社員四百名で総員六千百名。
一、就業時間は午前七時より午後五時まで、正味九時間作業で日曜祭日は休業し、一年三百日の作業日数であります。
一、生産高　地下足袋　日産　六万足　ゴム靴　日産　三万足　年間　二千七百万足
一、この製品の三分の二は内地販売、三分の一は海外輸出であります。
一、原料ゴム、綿花の輸入代価は、右製品の三分の一輸出することによりまして貿易額の相殺をして、バランスを取っております。
一、海外販路は支那、南洋、印度その他の後進国でありまして、これら後進国の履物改善を目的と致しております。
一、殊《こと》に申し上げたいと存じますのは、当社によりて考案創製しました地下足袋であります。発売後八年間におきまして全国にわたり、草履の使用がこの地下足袋にかわりました。この全国の総需要の七割を供給いたしております。
一、社員、従業員も全て皆、この心持ちをもって仕事に従事しております関係からか、未だかつて労働争議などの事件を生じた事がありませんのは誠に幸せに存じます。
一、なお、自動車タイヤは国内における年々消費高が激増して、現在では二千万円以上にのぼっておりますので、純国産タイヤを生産いたしたいと存じ、研究的製造に着手いたしております。技師は九大教授工学博士と学士数名及び外国人技師などであります。

一、まだ製品を市場に出しておりません。十分確信を得た上で出すつもりでおります。

秩父宮殿下は特にタイヤ試作工場に関心を寄せられた。

「タイヤ製造上困難なる点は」とのご質問に対し「各部ゴム質を強靭耐久《きょうじんたいきゅう》ならしむる薬品の調合、コード糊の粘着結合を完全ならしむること、工程の熟練、均一なる品質のものを製作するなどであります」と正二郎はお答えした。

現在の秩父宮記念館

「発売時期は」のご質問には「本秋十月を期し発売したいと存じます」と正二郎はお答えしたが、まさにその通り、試作品販売が開始されたのは昭和五年十月であった。

軍務を無事に終えられた両殿下は、八月二十一日午後五時ご出発、帰京の途につかれ、正二郎夫妻は無事大役を果した。翌六年にも秩父宮殿下は単身一週間宿泊され、これ以来秩父宮家と正二郎の結びつきが続いた。戦後の昭和三十一（一九五六）年、ブリヂストンタイヤ創立二十五周年記念で久留米市へ建設寄贈する石橋文化センターの開園式に当たって、正二郎は秩父宮妃殿下をお迎えした。

正二郎が私邸とした久留米市櫛原町の旧宅は戦後五十年近

く、教育関係者が集う「久留米教育クラブ」として活用されたが、耐震性が考慮され二〇〇六年に建物は惜しくも解体され、当時を偲ぶよすがはない。敷地内には秩父宮記念館と共に、昭和三十四（一九五九）年に建てられた赤煉瓦造りの講堂が残されている。（一般公開はされていない）

＊＊

秩父宮は大正天皇の第二皇子雍仁《やすひと》親王で昭和天皇の弟。同妃は勢津子。

陸軍大刀洗飛行場は大正八（一九一九）年に建設され、昭和二十（一九四五）年に米軍の大空襲によって壊滅的な被害を受けるまで、東洋一の規模と言われる基地だった。現在の福岡県筑前町にある「筑前町立大刀洗平和記念館」はその跡地の一部に建てられている。

3 ブリヂストンと命名 国産タイヤ創業

昭和二（一九二七）年は金融恐慌、四年には世界恐慌の嵐が巻き起こり、産業界は深刻な不況にあえいでいた。

若干十七歳でささやかな仕立物屋を引き継ぎ、それをすべて自分の独創と決断のもとに、地下足袋、ゴム靴の量産体制を作り上げていた正二郎。四十代そこそこで、これほどまでの会社に発展させたこと自体、大変な成功に違いなかった。しかし正二郎は小成に甘んじなかった。

「地下足袋やゴム靴の大量生産はすでに緒《ちょ》についたが、将来のゴム工業として大きく伸びるのはなんといっても自動車タイヤであるから、私は自分の手でこれを国産化したい」

正二郎が目をつけた商品がゴム需要の本命というべき自動車の足・タイヤ。

日本足袋をさらに大きくするという直線的な発展の姿ではなく、次元の異なる別の事業を正二郎は企画していたのである。

当時、国内にあった自動車の台数は、乗用と貨物用あわせて、昭和元年がおよそ四万台、翌年五万二千台、昭和三年が六万六千台。すべて外国車だった。タイヤ製造の技術もないところで、しかも新しい事業として取り上げるには、あまりにも心もとない環境であった。正二郎の考えに、周囲のものは「やめたほうがよい」という返事であった。しかし正二郎はあきらめぬ。

事業化の可能性を相談したわが国ゴム研究の先駆者、九州帝国大学教授、君島武男博士から「研究費に百万や二百万は捨ててもよい覚悟であれば、私もお手伝い致しましょう」と言われ覚悟を新たにした。君島はアメリカのゴム化学を学ぶために、世界一のタイヤ生産地であるアクロンの大学に留学していた。タイヤ製造技術が非常に難しく、成功は容易でない事を承知していた。正二郎を勇気づけたのは、大牟田三池炭鉱の近代化を成し遂げ、三井合名理事長、日本工業倶楽部理事長を歴任した三井の総帥團琢磨であった。

「日本は今深刻な不況にあり、新事業には手を出さぬように厳重に止めているが、自動車タイヤは将来有望だから賛成です」

正二郎は昭和五年二月十一日、日本足袋社長の就任に当たり社員へ決意を表明した。社長だった兄徳次郎は会長に就いた。

「すでに一年前、米国アクロンに注文した機械は着荷しています。現今、わが国で消費する年三百万円の自動車タイヤ代は、皆外国人に払っております。将来五千万円、一億円に達する大量の消費額となるべき自動車タイヤを、全部外国人に占められることは国家存立上、重大問題と思うのであります。これは当社の新事業として、またゴム工業者たる当社の使命と考えてその必成《ひっせい》を期しております。私は一家、一会社の問題ではなく、全く国家のため大いに働く考えで、将来ますます社会に奉仕せんとする理想を有する者であります。私の事業観は単に営利を主眼とする事業は必ず永続性なく滅亡するものであるが、社会国家に益する事業は永遠に繁栄すべきことを確信するのであります」

（ブリヂストンタイヤ五十年史）

正二郎は、自動車タイヤ生産の現状、未来を冷静に調査、研究した上で、燃えるような熱い企業家精神から、自動車タイヤの国産を決意したのである。

正二郎が「ブリヂストン」の社名、製品名を決定したのは、昭和四（一九二九）年四月、一日三百本製造に要する機械類一式を、ヒーリング商会を通じて極秘のうちに米国・アクロンのスタンダードモールド会社に発注する時であった。タイヤの金型《かながた》に製品のブランドまた社名を刻む必要があった。将来海外輸出を考慮すれば、世界に通用しやすい英語の会社名が賢明であるとの考えから「石橋」の石《ストーン》と橋《ブリッジ》を組み合わせて語呂のよい「ブリヂストン」と名付けた。

昭和五（一九三〇）年一月、発注したタイヤ製造用諸機械が到着。試作研究を重ね、苦心惨憺《さんたん》の結果、昭和五年四月九日午後四時、第一号タイヤの試作に成功、続いて五月十一日、第二号タイヤも完成したのである。

昭和六年三月正二郎は、日本足袋タイヤ部を独立させ、念願のブリヂストンタイヤ株式会社を久留米に創立した。資本金百万円。正二郎は社長に就任した。しかし、生産に販売に努力したが苦闘の連続であった。昭和六〜八年の三年間に四十四万本を生産したのに対し、十万本の返品タイヤがうず高く積まれた。初の国産タイヤを販売するので、故障に対しては無料で引き換えるという責任保障制をつけたため、嫌がらせの故障返品が相当数含まれていた。だが、正二郎の信念は逆境にもゆるがなかった。

国産第一号タイヤ（1930年）

「零細な家業からスタートし、新しい需要の起こるような独創的なものに眼をつけ人に先んじ、人の真似をしたのではない。何事を成すにも真心をもって、物事の本末と緩急を正しく判断し、あくまでも情熱を傾け、忍耐強く努力したのであって、運が良いとか先見の明があると言われるけれども、世の中に尽くすという誠心誠意こそ真理だと思っている」

正二郎はこの思いを貫いた。

三年間に百万円以上の損失を出し、ブリヂストンタイヤは倒産必至とのうわさも流れたが、ひるむどころか、年間百万本生産の計画を立てた正二郎は、昭和七（一九三二）年の末、久留米市京町の住宅三十戸、土地八千坪を買収して、コンクリート五階建ての新工場建設に着手した。

新工場の設計者・平田重雄は、正二郎と面談した初日のことをこう書いている。

「儀礼的なご挨拶をするひまもなく、直ちに設計をご覧になった正二郎氏は、この工場は何としても直ちに建てなければならないが、できる限り安く、しかも効率的なものとしたい。この主旨に添って今回は工場部分の三分の一くらいをこのまま至急取り掛かってもらいたい」

（『石橋正二郎遺稿と追想』）

アメリカの大学を出て日も浅い平田は、正二郎の鋭いビジネス感覚と果敢な行動に感銘を深くした。

工場建屋面積一万六千坪。当時の設計は東京の丸ビルに匹敵する面積を有する日本一、二の建物であった。構造は至って頑丈であり日本で最初のポンプクリート施工で大いに工期を短縮したが、建設費は坪七十円と大変安価であった。

当時、工場の調度課に在籍し直接建設に携わった鏡山保男は次のように述懐している。

「建築材料は全部ＢＳ（ブリヂストン）からの支給で、工事が進むに応じ諸材料を持ち込ませ、過不足せぬよう非常に注意が必要でした。一階ができたら直ちに機械の据え付けが併行《へいこう》して行なわれました。石橋正二郎さんの頭の中で全てが立案され、即断即決であり結論だけ報告すれば、お粗末な便箋に判をポンと押してもらえました。国鉄久留米駅から工場の裏に引込線が出来、その後、講堂ができ創業者の訓示がありました。『今までは製品が悪かったのでユーザーの言うとおり取替えをしたが、工場も立派に出来品質もよくなったので、今後は一切取替えせぬ。全員一丸となって努力せよ』という悲壮な話があったので頭に残っています」(五十周年社内報)

昭和八年八月地鎮祭を行い、翌年三月に完成、国鉄鹿児島本線から構内に引き込んだ専用鉄道もでき、六月完成式を行なった。タイヤ年間百万本の大量生産計画の礎《いしずえ》が整った。

かくしてブリヂストンタイヤは、全社を挙げ優良タイヤの生産、販売に懸命なる努力を払った。しかし、昭和十年までは全く利益は上がらず、創業のあらゆる苦難を嘗《な》めつくした。

正二郎は、昭和十二年、タイヤ事業の全国的展開のため、住居も本社も久留米から東京に移した。不退転の決意であった。

創業六十周年を迎える平成二(一九九二)年、従業員向け広報誌「ちっご」に、正二郎と久留米工場の第一工場が写真で紹介された。

同誌を目にした幹一郎から次号の「ちっご」にメッセージが寄せられた。

久留米工場ニュース「ちっご」の創立六十周年版に掲載されている「創業者と久留米工場」

の写真は、幹一郎の中学明善校二年生の時に撮影したものです。

久留米工場本館は実にユニークな構造を織込んだ進歩的設計の、日本にまだなかった建物で、創業者（当時社長）は頻繁に視察していました。

昭和八年のある日私も同行して何枚も撮影したのですが、その中でこの一枚はブリヂストンの発展性を象徴する写真として子供心にも、大切にしていました。

ちょうど竣工直前で、まだ工事用足場が残っています。この後今日まで幾多の難局を迎え乍《なが》らこの建物は堂々たる姿でBS魂の象徴として存在して活動しています。

この写真を見るたびに、私は自分が写した写真であり乍ら、萬感胸に満つる思いを持ちます。

久留米工場の皆さん、どうかこの建物を大切にし、ブリヂストンの歴史をひもといてください。

石橋幹一郎

昭和九（一九三四）年に完成した五階建の久留米工場第一工場は、太平洋戦争の空襲からも免れ「マザープラント」としてブリヂストン発展の屋台骨となった。「わが国でも古参の工場建物」として稼動し、七十年の歴史を語っていたが、耐震性の問題から建て替え工事が進められ、二〇一〇年には新第一工場となりその任を全うした。

「正二郎はね、五階建のこの工場を造るとき、鉄筋を継ぎ合わせたものではなく一本ものを使った。当時としてはわが国の工場建物の中でも超近代的な建物であった」

久留米工場の中を歩きながら幹一郎から聞いた。

「工場の機械施設が大型化され増設されていくなかにあって、強度上建物が問題だということを耳にしたことがありません。正二郎創業者は建屋強度についても将来こうなるからと、床強度などを考慮し建設されたんでしょうか」

「さあどうだろうか、とにかくごついのを作っておこうと、当時としては過剰品質ではなかったのかな」

建設中の第一工場と工事現場に立つ正二郎
（撮影・幹一郎）

私の唐突な質問に幹一郎はユーモアまじりに話していたが、本当のところは先見の明があったのだろう。天井を支える柱は丸く太い。「一本ものの鉄筋」の話を聞いて、一五～二〇メートルの鉄筋を、どのようにして工場まで運んできたのだろうか、着工された昭和八年頃はトラックもない時代。国鉄は走っていたとしても駅から工事現場までどのようにして運搬したのだろうと疑問が湧いた。

4

歴史の継承刻む記念庭園碑

「正二郎はね、この地に住んでいた大正六年から昭和二年までは、昼夜兼行で働き通した。志をも含めあらゆる事を込めた記念だったんだろうね」と、幹一郎は足を運んだ「記念庭園碑」の前で話してくれた。

正二郎が建立した碑が久留米工場とその周辺にはいくつか残る。記念庭園碑は最も古い。石に彫り付け後世に思いを残すのが「碑《いしぶみ》」であろう。昭和九年の記念庭園碑には、突き動かされるような正二郎の思いが強く刻まれていると思えてならなかった。私が尋ねた質問への幹一郎の答えは短いものだった。正二郎の自著に頻出する「昼夜兼行」の言葉が発せられたのも印象に残るものだった。

記念庭園碑

此《この》高地一帯ハ山紫水明《さんしすいめい》ノ処《ところ》三百余年赤松城址ノ一部ニシテ
後享保《のちきょうほう》十三年久留米藩貯穀倉《ちょこくそう》ヲ建設セラレタリ
又余《またよ》大正六年以降昭和二年櫛原町ニ移ル迄十年間住居シ

其間《そのかん》日本足袋株式会社経営ニ専念シタル処ナリ
因《より》テ記念庭園トシテ永久ニ之ヲ保存スルモノナリ
昭和九年四月建之
石橋正二郎
京町百四十一番地

アサヒコーポレーション（当時・日本足袋株式会社）
手前にあるのが記念庭園碑

記念庭園碑

碑文の「大正六年以降昭和二年迄」は正二郎二十八歳から三十八歳までの十年である。

大正六（一九一七）年五月、「志まやたび」を「アサヒ足袋」と改称し、正二郎は、博多の醤油《しょうゆ》醸造家《じょうぞうか》太田勘太郎の弟、太田惣三郎の娘マサ（二十一歳、後に昌子）と結婚式を挙げた。

大正七（一九一八）年、筑後川のほとりを選び新工場を建て、企業の近代的な発展のためには個人企業の枠を抜け出て、合理的な法人組織にしなければならぬと、資本金百万円をもって日本足袋株式会社（一九三七年に日本ゴムと改称、現在のアサヒコーポレーション）を設立し、専務取締役に就任。社長は兄徳次郎。「アサヒ足袋」は、福助足袋、つちや足袋、日《ひ》の本《もと》足袋と共に「足袋界の四天王」と称されていたが、ここに業界第一位にランクされることとなった。

大正九（一九二〇）年二月、長男幹一郎生まれる。

大正十二（一九二三）年、貼布式《てんぷしき》ゴム底足袋を「アサヒ地下足袋」と命名し販売開始。

昭和二（一九二七）年、櫛原町に新居を建て転居。

記念庭園碑は、久留米工場の西側、当時の日本足袋株式会社の玄関を正面に見る高台にある。門扉には銅版の「石橋」の表札が残る。

アサヒコーポレーションを訪ね、同社の玄関から記念庭園碑の方を向いてみた。碑がある高台の、のり面を境に洗町と京町に町名は区分されている。アサヒコーポレーションは洗町に所在する。正二郎邸があったところまでの高低差はおよそ五メートル。階段が一部残り門扉《もんぴ》が立つ。アサヒコーポレーションの三枝《さいぐさ》恒夫副社長（当時）が一枚の写真を見せてくださった。昭和二十五年十一月に

正二郎胸像（右）と物故者慰霊碑（左）後方は現アサヒコーポレーション

撮影された日本ゴム野球部優勝（福岡県B組大会）記念写真で、門扉に通じる階段に選手が並んでいる。階段の一部はその後取り壊されたものだろうと三枝さんはおっしゃっていた。正二郎が私邸から昼夜兼行で日本ゴムへ通った階段だ。

「私邸跡」とせず「記念庭園」としたのは、正二郎の事業に打ち込んだ信条からの発想だったのだろう。「私」を捨て後世に残す歴史の継承を碑は語ってくれているようだ。

記念庭園碑から少し離れた工場事務所前庭に、正二郎の功を顕彰《けんしょう》する「創業者石橋正二郎胸像」（全社員の醵金《きょきん》により一九七四年建碑）の碑と「物故者慰霊碑」（同年）が建っている。正二郎の筆による「慰霊」の文字が刻まれた「物故者慰霊碑」はブリヂストンに勤めた人を祀る。

二つの碑が立つ庭を見ながら、昔のことを幹一郎はたびたび話してくれた。最初のタイヤが造られたのは「物故者慰霊碑」のあたりだったそうだ。

その周辺には「返品タイヤの山」ができた。正二郎が本格的にタイヤ生産を始め、わずか三年の間に返品タイヤは十万本に及び、一千坪の庭は返品タイヤが山をなした。

正二郎自身も「世間からは、石橋は地下足袋やゴム靴では成功したがタイヤでは失敗だ。ブリヂストンタイヤ会社は三年を待たず破産するだろうなどと言われ、親しい人からは、石橋を逆《さか》さにした名前をつけたから縁起が悪い。名前を改めたがよいと忠告されるほどであった」と語っている。

しかし正二郎はこの困難に屈せず、技術を改善しながら着実に品質を築き上げ信用を高めていった。努力の甲斐あって、売れ行きも順調に伸びるようになった。また返品タイヤを荷馬車に使うことを考えたため、全国の運送業者が荷物を多く積んでも軽く引けるようになり、ゴムタイヤを使う荷馬車も広まった。

「返品のタイヤが積まれていた場所に、後に木造平屋建の事務所棟が建っていた。会社創立二十五周年を前に新しく事務棟を建てることになったとき、ブリヂストンカンツリー倶楽部（BSCC）ハウスとして移設した。創業の思いが刻まれた建物を、正二郎は残したかったのだろう」と幹一郎は話していた。

BSCCが四十周年（一九九七年）を迎え、記念本の編集を仰せつかった私は、クラブハウスに生まれ変わった木造事務所の話を紹介し、その思いを伝えた。

昔、返品タイヤの山を築いた庭は、創業以来の歴史を静かに見守っている。

5

ブリヂストンタイヤ行進曲

福岡県柳川《やながわ》市沖端《おきのはた》に「北原白秋《はくしゅう》記念館」がある。白秋の生家を保存して、館内には白秋の詩業と人間像を親しみやすく紹介している。旧立花藩城下町の掘割《ほりわり》を小舟で周遊する「川下り」とあわせ、柳川の観光スポットの一つである。

北原白秋は明治十八（一八八五）年一月二十五日、沖端に生まれ中学伝習館《でんしゅうかん》（現・福岡県立伝習館高校）に学び十七歳で上京、詩集「邪宗門《じゃしゅうもん》」や「思ひ出」で詩壇に確固たる地位を築き、近代の詩聖とうたわれ、国民的詩人として讃仰《さんぎょう》された。昭和十七（一九四二）年十一月二日、五十七歳で亡くなったが、作曲家・山田耕筰《こうさく》とコンビを組んだ「からたちの花」、「ペチカ」、「まちぼうけ」、「この道」などは今も歌い継がれている。

その柳川へ幹一郎と行ったのは、幹一郎が久留米市名誉市民として、久留米の観光資源の積極的活用を提案し、観光都市として名高い柳川市に注目をしていた頃だった。「全国観光地図を見ると柳川には二重丸が付され、久留米には小さなマークが付いているだけ」と少々悔《くや》しがっていた。

私たちは「白秋記念館」の一階展示を見た後、二階へと巡った。コースの最後のコーナーのパネルには白秋作詞の「校歌」と「団体歌」の題名が刻まれている。百曲ははるかに超えているだろう

白秋記念館（柳川）

北原白秋（1885-1942）

か。その中に『ブリヂストンタイヤ行進曲』なるものがあることに気づいた。

「ヘェー、こんな曲があるのだ」

私たちにとっては、初めて知る事実だった。前後に、「福助足袋工場歌」、「玉屋店歌」がある。相当細かく見ないと〝発見〟するのは難しい。

「行進曲」とあるから、いわゆるブラスバンドで奏《そう》する「マーチ」でメロディーだけのものではないか。とすると、北原白秋の作詞として紹介されている「行進曲」とは何なのだろうか。

白秋作品のリストにあるということは、詞が付いた曲であることは違いない。私は宿題を引き受けた。

会社創立二十五周年の年（一九五六年）に、石橋正二郎作詞、團伊玖磨作曲による『ブリヂストン社歌』が制定されている。その以前に『ブリヂストンタイヤ行進曲』があったのだろうか。昭和五年に九州医学専門学校（九州医専・現久留米大学医学部）の「校歌」の作詞のため訪れた白秋が、久留米の萃香園《すいこうえん》に宿泊した、と銘板が同館の玄関に残されている。正二郎兄弟により、昭和二年に建設寄附された九州医専の校歌（作曲は小松耕輔）との関連もあって、『ブリヂストンタイヤ行進曲』が生まれたのだろうか。

照会していた『ブリヂストンタイヤ行進曲』について「白秋記念館」から返事があった。

『ブリヂストンタイヤ行進曲』は北原白秋全集第三十巻（岩波書店・一九八九年刊）に掲載され、「ブリヂストンタイヤ会社委嘱、昭和九年九月二十六日作詩、山田耕筰作曲」と付記され四番までの歌詞がついていた。作曲楽譜は白秋記念館では管理していないとのことだった。すでに白秋が国民的詩人としての地位を確立していた時期の作品である。

ブリヂストンタイヤ行進曲（一番、四番の歌詞のみ掲載）

1

歌へ行進曲《マーチ》、これぞ、
B・S——ブリヂストンタイヤ、
雲はおこり、颪は走る、此《こ》の雷名、
見よすでに、経済戦線、
進軍の勢猛《きほひ》に、喇叭《らっぱ》鳴れり。
行けよ、行けよ、男子、意気よあがれ。
弾力ぞ、弾力ぞ、
弾力ぞ、フレー。

4

被《おほ》へ世界、これぞ、
B・S—ブリヂストンタイヤ、
海を越えて、ゴムは弾《はず》む、此の商権、
見よ、進む、人と科学、
燦《さん》として千歳《ちとせ》河畔、誉《ほまれ》長し。
取れよ、取れよ、男子、富は待てり。
弾力ぞ、弾力ぞ、
弾力ぞ、フレ——。

（ブリヂストンタイヤ会社依嘱　昭和九・九・二六作　山田耕筰作曲）

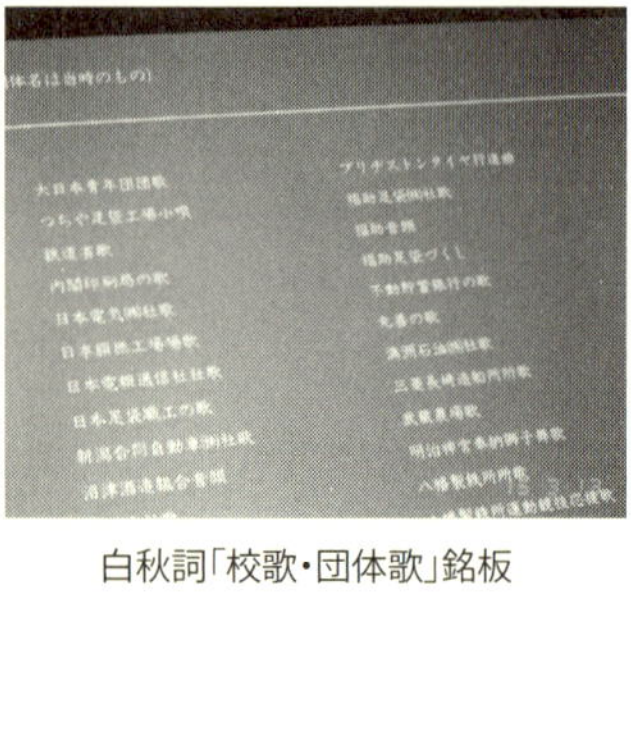
白秋詞「校歌・団体歌」銘板

『ブリヂストンタイヤ行進曲』の存在は、社内でも確認することはできなかった。

この曲の作曲者・山田耕筰と師弟関係にある團伊玖磨は、「山田先生の作曲ということがわかっておれば、僕が『ブリヂストン社歌』を作曲する時ご存命だったから参考にしていただろう。その存在も聞いたことはなかった」と言って、耕筰の作品を管理している日本楽劇協会（東京・港区）理事長の山田浩子さんを紹介してくれた。調べてもらった結果は「山田耕筰作品資料目録」にも見当たらず、楽譜を探しだすことはできなかった。

さらに、当時の時代背景から「行進曲」という呼び方で、歌を伴う「社歌」や「団体歌」が多くあった、と團は語っていた。

「あとで調べてみてごらん」と言われた幹一郎が一九九七年に亡くなり、團伊玖磨も二〇〇一年に亡くなり、幻の『ブリヂストンタイヤ行進曲』となった。

6 久留米「ゴム三社」の歌は揃って白秋、耕筰

山田耕筰（1886-1965）

『ブリヂストンタイヤ行進曲』の作曲楽譜を探している過程で思いもよらぬ意外な発見があった。
『我が朝日――日本足袋職工の歌』、『雲の翼　つちや足袋工場小唄』という北原白秋・山田耕筰のコンビによる作品に出会った。久留米の株式会社アサヒコーポレーションと、株式会社ムーンスターは、昭和初期の頃、日本足袋株式会社、つちや足袋株式会社と呼ばれていた。ふたつとも紛れもなく同社の歌である。
『我が朝日』は「北原白秋作品全集」の４４３頁に掲載され、山田耕筰手書きの楽譜が日本楽劇協会に保管されていた。

耕筰直筆譜には、昭和五年七月に東京で作曲されたことを示す「１９３０　ＪＵＬＹ　ＴＯＫＹＯ」のサインが記されている。同社の社史にも昭和五年、社歌『我が朝日』制定と記載されている。
この年は、兄・徳次郎の後を受け正二郎が社長に就任し、秩父宮殿下が久留米工場に来臨され、社業は順風万帆の時である。４分の４拍子の「明るく、力強く」マーチテンポで作曲された『我が朝日』はその勢いを四番までの歌詞で余すところなくうたっている。

「我が朝日」（一番歌詞のみ掲載）

輝け、アーチよ。光れよ、この空。
若き幸なり、楽しく生くべし。
健康、ただこれ、我らの華なり。
歌へよ、生活。いそしめ、我が友。
おお、朝日、朝日、朝日。
さしのぼる
若き日本の我が朝日。

昭和六年に作曲された『雲の翼　つちや足袋工場小唄』の楽譜は、日本近代音楽館に所蔵されていた。

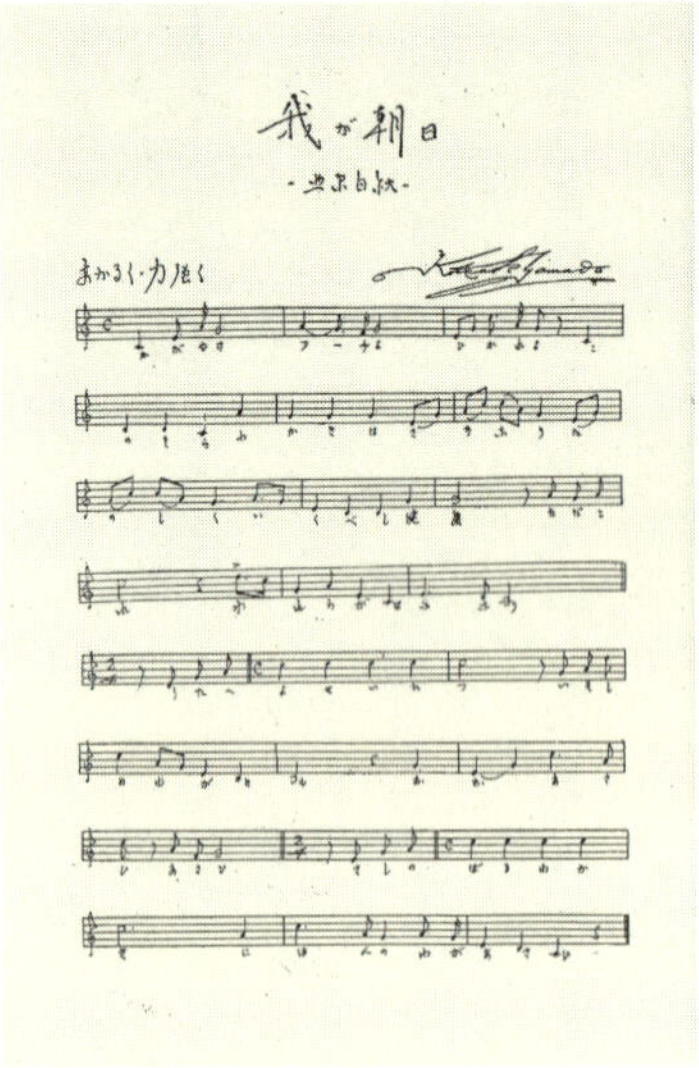

山田耕筰自筆楽譜『我が朝日』

4分の2拍子、速いテンポで明るく陽気に歌うように作曲された『雲の翼』は、つちや足袋創業者の倉田雲平《うんぺい》の「雲」にちなんだものだろうか。

「唄はちゃっきり節、男は次郎長」で始まり三十番まである北原白秋の『茶切り節』（昭和二年）にはかなわないが、『雲の翼』は二十二番まである。足袋造りの工程を歌詞に綴り「各首は何《いず》れも独立したるものなれば、その好みに従って歌ってよし」と　白秋は付記している。

（一番歌詞）

雲の翼も、
幅出しゃ明る、明る。
早う艶付《つやつ》け月と星。
「久留米久留米は乙女の久留米
足袋は何文何文ぬしの足袋。ナイ」

（二十一番歌詞）

春は篠山《ささやま》、
お国の華よ、華よ。
ひとは高山彦九郎。
「久留米久留米は乙女の久留米
足袋は何文何文ぬしの足袋。ナイ」

白秋作詞・耕筰作曲『雲の翼』楽譜

言葉の魔術師といわれた白秋が紡いだ二十二番までの詞は、飽きさせず異彩を放つ。

日本足袋、つちや足袋で製造するゴム靴は全国に出荷され、久留米は横浜、神戸と共に日本三大ゴムの町として知られるようになった。昭和六年にはブリヂストンタイヤが久留米の地で創業し、市民からは親しみを込めて「ゴム三社」と呼ばれるようになった。

昭和五年の日本足袋、六年のつちや足袋の歌に続いて九年には、『ブリヂストンタイヤ行進曲』が白秋、耕筰のコンビによって作られたことになる。

日本楽劇協会の山田浩子さんからは、「白秋は、大正から昭和の初期にかけ数百曲の校歌と、八幡製鉄所や日本電報通信社などから委嘱され社歌を数多く作詞したが、一つの町の三社から委嘱されたというのは珍しい」と聞いた。全国的に知られていた白秋や耕筰の曲を持つことが、学校や企業の誇りだったのであろう。久留米のゴム産業の勢いを示した一面ともいえるのかもしれない。

「久留米旅情」と題する白秋の作に

夕暮れて　櫨《はぜ》の実採りの　帰る頃
　郭《くるわ》の裏を　行けば悲しも

という若き日に詠《よ》んだ短歌がある。久留米の篠山城で詩歌の仲間と撮った中学伝習館の頃の白秋の写真も残っている。「国民的詩人」となった白秋が残した「ゴム三社」の歌は、今ではほとんどの人に知られることなく静かに眠っている。

7 教育への熱意から生まれた地域社会への奉仕

「正二郎はね、九州医学専門学校を建設する際、筑後川の洪水を考慮し、建物が浸水しないよう地盤を嵩《かさ》上《あ》げし着工した。浚渫船《しゅんせつせん》で筑後川からすくいあげられる川砂や砂利《じゃり》を利用して土盛し、その運搬にはコンベアーベルトを使った」と幹一郎は教えてくれた。

久留米大学（当時九州医学専門学校、医専）の医学部や附属病院の建物が立ち並ぶ同大学の本館に行った時のことである。筑後川の堤防と隣り合わせたようにそれらの建物は建っている。

正二郎は『私の歩み』にこう記す。

> 昭和二（一九二七）年の暮、文部省は全国に私立の医学専門学校新設を決定した。九州各地でも猛烈な誘致運動が始まった。久留米市としては、保健衛生ならびに市発展の為にぜひ誘致したい、そのためには学校用地一万坪（三三、〇六〇平方メートル）と校舎を寄附するという好条件で申し込めば競争に勝てるが、市には財源がないから全額を私たち兄弟の日本ゴム会社

より寄附してもらいたい、という市長、市議会の懇請を受けた。

時間の余裕がないということで即答して、ただちに篠山神社の水田四万坪（一三万二二四〇平方メートル）を買い入れ、深さ二メートル乃至《ないし》三メートルを埋め立てて、その内一万坪を学校用地に充て、校舎はコンクリート建千二百坪（三九六七平方メートル）を建設して寄贈した。寄附金額は二十三万円であった。

なお附属病院の建設は溝口理事長、田中病院長、私の三人づれで東京、大阪の各病院を視察し、設計は私に一任されたので、地下一階、地上三階建、延五千坪（一六、五三〇平方メートル）とし、建設資金は日本ゴム会社より四十五万円を貸しつけ、七（一九三二）年三月に竣工した。

教育の重要性を人一倍強く認識していた正二郎にとって、九州医専の誘致はぜひとも実現したいものだった。市民の文化的生活には、医療保健の環境は大切で、久留米の発展にとって商工業の町、軍都以外に文教都市をめざすために、今こそチャンスとも考えた。

石橋兄弟はこの要請に応じ総額二十三万円の寄附をした。

昭和二（一九二七）年十一月二十六日の福岡日日新聞（後の西日本新聞）は、「医専建設に二十万円寄附」と報じた。正二郎三十九歳の頃である。

文部省は九州医学専門学校の新設を久留米に決定した。

醫専建設に
二十萬圓
敷地一萬坪土工費等を合せ
日本足袋の 石橋氏から
寄附せんとの内意

日本國體

昭和2年11月26日付福岡日日新聞

医専建設に当たった正二郎は、盛土《もりつち》のため筑後川の川岸から大量に土砂を運搬する作業にコンベアーベルトを使った。六階建の鉄筋コンクリート工場の製造ラインにコンベアーベルトを導入した日本足袋工場の経験から、工事作業にコンベアーベルトを導入することは、正二郎にとって難しいことではなかった。

「六尺から九尺の盛土を施したので建設には三年を要した」と記しているが、万一の洪水を考慮した自然災害に対する正二郎のリスクマネジメントであった。

平成元年に、幹一郎が石橋美術館別館を建設する際、筑後川洪水の「ハザードマップ」を取り寄せたことがあった。百五十年に一度の氾濫を想定し、浸水が〇・五メートルから五メートルまで五段階に色別表示された流域の地図だった。

「別館」に展示される美術品には国宝や重要文化財があった。完成した「別館」の一階はホールで、美術品は二階にだけ展示されている。

「医専」を建設する正二郎が、万一のことを想定し、数年かけ土盛をしたリスクマネジメントの思想が幹一郎のどこかにあったのだろう。幹一郎は「お預かりしているもので国民の大事な文化財である」と言っていた。国宝を預かる人物の矜持《きょうじ》を感じたものだった。

九州医学専門学校は、戦後、医学部、商学部、附設高校を持つ久留米大学となり、昭和二十六（一九五一）年三月、正二郎は理事長に推されて経営に当たることになった。事業経営者として寸暇を惜しむ身でありながら、理事長として同年から四十四年までの十八年間、学校経営に当たり、熱心な教育者としての一面も見せている。自らの哲学を誠実、かつ献身的に実行した。

「昭和三年、九州医学専門学校の建設寄附以来、主として施設拡充のため、石橋正二郎が最も多額の寄附をしてきた学校である」（石橋財団三十周年史）

物心両面から大学の整備充実に努め久留米大学の基礎をつくった。

「人間の値打ちは金儲けの上手下手でなく、世の為に尽くすことだ」という哲学を貫いた正二郎は、そのため私生活を質素にし、貴重な事業資金は私財の中から社会のために提供し続けた。

久留米大学本館前には「いちばん正二郎さんらしい」と幹一郎が言っていた石橋正二郎の銅像が建つ。

正二郎が理事長時代、十余年にわたり常務理事として仕えた五代目理事長の根城昼夜《ねしろちゅうや》は、次のように話していた。

「久留米大学が創立四十周年を迎える一九六八年、石橋正二郎氏の銅像を建てて、感謝の気持ちを表する。石橋さんは、久留米に残る芸術品を期待され、その製作に清水多嘉示《たかし》さんを切望された。

私は正二郎さんのお勧めで横須賀に行き、横須賀港の記念艦・三笠の前に建つ東郷元帥の銅像を見学した。この銅像は清水さんの作品で、石橋さんの寄贈である。六九年、銅像の除幕式には正二郎さん夫妻、清水さん夫妻が出席された」

久留米大学は現在、五学部十一学科と五つの大学院研究科を擁する総合大学に発展し、五万二千四百一名の卒業生を輩出した。現在の学生数は約七千六百名。九州唯一のドクターヘリを備えた高度救命救急センターを持つ大学病院もある。平成二十（二〇〇八）年には創立八十周年を迎えた。

久留米大学本館前の正二郎の銅像

ひところ、久留米は自転車、芸者、医者の「三シャの町」と言われた。

二〇一〇年一月二十四日の朝日新聞は、「三十万都市の行方」の中でこう紹介している。

「B級グルメの宝庫、久留米市の焼き鳥の人気メニューに〝ダルム〟がある。腸を意味するドイツ語が由来とされ、医学生や医者がその名を定着させたといわれるほど久留米市の医者は多い。人口十万人当たり医師数は五三五・三人、病床数は二七一〇・七床。いずれも全国中核市とその候補市の中で二位（二〇〇九年三月、中核市市長会調べ）。全国でもトップクラスの医療都市だ」

8　ゴルフの普及　戦前に読む

昭和七（一九三二）年、正二郎は若いゴム技術者の秋吉勇と川口輝雄に英国に向かうよう指示をした。二人は前年に久留米市で誕生したばかりのブリヂストンタイヤの社員である。正二郎から命じられたのは、ゴルフボールの製造技術習得、製造に必要な機械と原材料の購入であった。

「ゴルフは絶対に普及するからゴルフボールを造ろう」

ゴルフの将来を見通した正二郎の起こした行動であった。昭和七年といえば、タイヤ会社を創業し、返品タイヤの山で苦難を強いられていた頃である。

日本で初めてゴルフ場が開かれたのは、神戸の六甲山。明治三十六（一九〇三）年、英国人のアーサー・グルームが9ホールの「神戸ゴルフ倶楽部」を設立した。当時のキャディーの服装は、絣《かすり》の着物に草鞋《わらじ》履き、ボールは生ゴムを熱して型に流し込んだものが使われていた。その後、ゴルフはゆっくりと普及し、大正時代の終わり頃には全国でコースも十指を数えるまでになっていた。

九州では、雲仙ゴルフ場（大正二年開場）についで、大正十五（一九二六）年五月九日、福岡県三井郡三国村大保《おおほ》（現・小郡市）に「福岡ゴルフ倶楽部」（9ホール）が開場した。その後、18ホールに拡張され、昭和十五（一九四〇）年九月には日本プロ選手権競技も行なわれるようになった。

コースには、大小さまざまな池や森があり、緑あふれるすばらしいレイアウトで、「大保ゴルフリンクス」（以下・「大保」）とも呼ばれていた。

「大保」は、福岡と久留米間の九鉄（現・西鉄）電車沿線で大保駅近くにあった。

昭和初期「大保ゴルフ場」（1番ホール）のプレー風景
（和白CC30周年史）

その「大保」のスターティングメンバーに、石橋正二郎の名があった。正二郎が三十七歳の時である。「アサヒ地下足袋」の販売開始から三年、タイヤ生産にはまだ着手していない。生まれつきのスポーツマンであった兄の徳次郎も一緒であった。徳次郎はゴルファーとしてもなかなかの腕前であった。

幹一郎から「私は小学校に入りたての頃で、貼り付けたばかりのフェアウエイの芝生の上を父にくっついて歩いた記憶がある。九州では雲仙ゴルフ場についで二番目に造られたものだった。その先駆的ゴルフ場のスターティングメンバーであったことは、正二郎が新しい事物を積極的に取り入れていった性格からであろう」と聞いていた。

「大保」のキャディの一人であった吉浦直行の話によると、来場者は、平日で十人あるかないか、日曜日の多い時で三十人くらいがプレーしていた。

その中には、正二郎がタイヤ創業にあたり、技術的援助を受けた九州大学教授・君島武男、つちや足袋（現ムーンスター）創業者・倉田雲平、「有薫《ゆうくん》」の名で知られた醸造会社社長・首藤謙などもいた。君島はゴム化学を学ぶためアメリカのアクロンの大学に留学した人である。

正二郎が「大保」の発起メンバーとなった昭和初期の頃、一日のコース使用料は、キャディフィ、飲食代含めて二円程度であった。ゴルフボール一個の値段が同額の二円で、一打箱入りでは二十円。しかもボールはゴルフ場でなければ買えなかった。

当時のティは砂で、ティグランドに立つ時は横に備えてある砂箱から一掴《つか》みの砂を取り、お茶屋で玄関に飾る縁起塩のような山形を作り、それにボールをのせてティショットを打っていた。ラバーティが使われたのは昭和五年頃からで、さらにウッドティは、昭和十年頃から使い始めた。

昭和九年五月には、秋吉が手配したモールドや糸ゴム機などが着き、完成したばかりの久留米工場五階の一角において、国産化を目指しゴルフボールの研究試作が開始された。正二郎は、製造主任に君島博士の門下生であった川口輝雄をあてた。

試作開発されたゴルフボールは「スーパー」の名称で昭和十（一九三五）年四月に販売が開始される。一個一円であった。十月からは製造は本格化、生産は昭和十二（一九三七）年には一万三六〇〇ダースに達した。当時の久留米工場の従業員の日給が一円。今の水準にそのまま当てはめればボールの値段は一個一万円にもなろうか。

昭和10(1935)年に発売された
ゴルフボール「スーパー」

久留米工場で製造された国産第一号球

「数限りない苦心を積み重ねて、ダンロップ、スポルディングなどの独占市場へ肩を並べてというわけにはいきませんでしたが、少しずつ進出していきました。ボールの名前はブリヂストンスーパー、同じくスタンダードの二種でした」と川口は語っている。

後に、川口らの研究改良によってブリヂストンのゴルフボールの品質は一段と向上し、ペイント以外はゴルフの本場イギリスの一流品と比べてもひけをとらぬと高い評価を得ていった。

「大保」はコースのレイアウトやクラブライフの点で優れたゴルフ場であったが、第二次大戦末期に陸軍に接収され、敗戦と共に永遠に消え去ってしまった。戦後、ゴルフ愛好者が「復活」を願い諸運動を起こしたが、農地として解放され実現しなかった。発起メンバーであった正二郎は、このことを大変愛惜し、「大保は惜しかったが、あれに匹敵できるかどうか分からぬが、代わりになるものを是非造ってみたいと思う。お前どう思うか」と、話があったことを幹一郎は話していた。

9

正源寺山《しょうげんじやま》ゴルフ場

「昭和初期、石橋家の正源寺山ゴルフ場が久留米市野中町の正源寺山にあった」と福岡・和白《わしろ》カントリークラブの「和白三十年史」（一九八二年）には、記載されている。

久留米の近郊東南部に丘陵地帯があり、正二郎の私有地があった。その一部の正源寺山に設けられたゴルフ練習コースには池越え（正源寺池）のホールを含め3ホールあった。家族や会社の幹部の人たちにゴルフの練習を奨励し、正二郎自身も毎週日曜日に幹一郎たちを連れてゴルフを楽しんだ。

数年前まで雑木林の中にティグランドの石積みだけが残っていたが、今は住宅が建設され、跡かたもない。

「英国製の設備と技術によって製造した国産初のゴルフボールを市場に出し、販売努力を続けていたが、一面、格落品も多発していた。その〝おしゃかボール〟を利用してゴルフの練習をさかんにやったのは昭和十二、三年頃だった。コースには、赤松林ととんがり帽子の赤い屋根の山小屋があり、正二郎さんはこれがお気に入りで、ここに座ってゆったり考えるのが好きだった」と幹一郎から聞いていた。

久留米市街地が眺望できる正源寺山ゴルフ場は、赤松林が好きだった正二郎には格好の景観だったに違いない。

正源寺山ゴルフ場でゴルフをする正二郎

正源寺山ゴルフ場には、ゴルフボールの製造に関わっていた川口輝雄も足を運んだ。

「我々製造側も、ある程度は自分の球を打って簡単なことはテストできるようにならねばいけない、という事で、陸軍の牟《む》田《た》山《やま》練兵場（久留米市南町）へ練習に行ったものでした。しばらくして、正源寺山の私設コースでやらせてもらうことになり、私たちは日曜日になると出かけ、山の上のほうから正源寺池のほうへ打ち放しの練習をしたものです。時々、正二郎さんもおいでになられましたが、そうしますと、私たちは球拾い役にまわります。しばらく練習されると、お前たちも打て、と言われました。ろくすっぽ打てもしない時代でしたので、恐る恐る打ちますと、そこはこう、あそこはこうと教えていただいたことも再三でした。今でも頭に残っているのが、スイングの間、頭は移動してはいけない。その要領を覚えるためには、上から電灯の笠をぶら下げ、その下に頭を入れ笠が動かないようにスイングするのだ、という事でした。その時は、そういうものかな、くらいに思っていましたが、戦後、本格的にゴルフスイングの土台になることを悟りました」

正源寺池に隣接する黄檗宗《おうばくしゅう》「正源寺」住職の渡辺滋海は、七歳の頃、ハンティング帽子の正二郎のゴルフ姿を見かけている。正源寺池に沈んだゴルフボールを近所の子供仲間と池に潜り、拾っては、小遣いをもらっていたという。

世界の情勢に暗雲が立ち込め、昭和十三（一九三八）年七月には、ゴルフなどの贅沢品は禁制品の指定を受け、ゴルフボールの製造は中断されるに至った。ゴルフを楽しむ人たちも、やがて第二次大戦の波にのまれ、終戦後までの十数年間、空白の時代となる。

10

時代と生き思いを語る石橋迎賓館

昭和八（一九三三）年、正二郎の兄、石橋徳次郎の私邸として建設された建物は、久留米市役所の北側にある。現在はブリヂストンの「石橋迎賓館」として賓客を迎える。基本構想は洋式好みだった正二郎が構想し、その様式は「スパニッシュ」と呼ばれ、現存するわが国スペイン風建築の五本の指に入るといわれている。

石橋迎賓館

八十年にわたる歴史は私邸、米軍施設、迎賓館と三つの変遷を経ている。

「私邸記録集」によると、昭和七（一九三二）年一月起工、翌八年一月竣工。設計者・松田軍平、松田昌平。庭園は戸野造園事務所（戸野琢磨）、施工者・清水組。構造・RC造一部地階塔屋付、規模・建坪一六九・五六坪（延二九一・九九坪）敷地三一一一坪。

設計者の松田軍平は明治二十七（一八九四）年、福岡県生まれ。大正十（一九二一）年に渡米し、コーネル大学で建築学を学んだ。兄・松田昌平も建築家で、日本足袋（現・アサヒコーポレーション）の工場や九州医専（現・久留米大学）本館の設計に携わった。

西洋庭園の中に鉄筋コンクリート造り二階建て、スペイン瓦と淡いクリーム色外壁のコントラストが美しい南欧風の建物で、塔屋からは筑後平野を貫流する筑後川が望めた。

昭和七年は、日本足袋を「不況下の成長企業」と語った井上準之助前蔵相と、三井合名会社理事長の團琢磨が凶弾に倒れた（血盟団事件）。日米開戦まで十年の激動期。

やがて太平洋戦争に突入、そして終戦。

久留米空襲から難は逃れたものの昭和二十（一九四五）年、米国に接収され、福岡市にあった板《いた》付《づけ》基地内に駐留した米軍の高官用住居として、二十四年に接収が解除されるまで使用された。

昭和二十八（一九五三）年に至り、ブリヂストンタイヤが所有し現在の「石橋迎賓館」となった。この地を訪れる賓客の宿泊、接待の場としても使用され、昭和四十五（一九七〇）年には皇太子夫妻がご宿泊。石橋文化ホールでの公演に来日した国際的音楽家も数多く宿泊した。

平成二（一九九〇）年十月、石橋迎賓館を調査した藤森照信教授（当時、東京大学工学研究所建築歴史学）は「昭和初期に、スペイン風建築の設計依頼をした石橋正二郎氏の文化性に驚く。大切に維持し続けてきた幹一郎氏もすごい」と語り、「日本に現存するスパニッシュ建築の五指に入る」と評価する。

同行した藤森研究室の丸山もと子氏は、「建築めぐり・スパニッシュ作品20」（INAX　REPORT№176）の中で石橋迎賓館について次のように紹介している。（要旨）

●スパニッシュ全盛期のアメリカ・コーネル大学で建築を学び実務を経験した日本人建築家・松田軍平の代表的な建築と言えよう。

昭和初期、完成した当時の庭園

建物は外観、内装、家具共に保存状態が良く、ブリヂストンの石橋迎賓館として大切に使われている。

●一方屋外は「建物がスパニッシュスタイルなので、庭園もそれと調和するように意匠されている」と当時解説された庭園だったが、現在では水泳プール、パーゴラ、いるかの形の壁泉、スパニッシュ瓦葺《かわらぶ》きの四阿《あずまや》は失われている。

●外壁の装飾は「ホタテ貝の殻」をデザインしたもの。「ホタテ貝の殻」はスペインの守護聖人聖ヤコブのシンボルで魔よけのデザイン。建物がスパニッシュ様式なので装飾もスペインに因んだのでしょう。因みに聖ヤコブはスペイン語ではサンチャゴと呼ばれ、その墓の上に建つとされるサンチャゴ・デ・コンポステーラは、世界的に有名な巡礼地。（世界遺産）

●日本のスパニッシュ建築はほとんどが表面的なもので、インテリアや家具にまで及んだものは少ないが、石橋迎賓館は例外。特に一階のインテリアは驚くほどスパニッシュ。扉、グリル、天井の梁《はり》、持送り、家具、照明器具……。これほど濃厚なスパニッシュのインテリアは、国内ではここでしか見ることができない。石橋迎賓館はわが国で現存するスパニッシュとして五指に入る建築。

●庭園を設計した戸野琢磨は、コーネル大学大学院でランドスケープ・アーキテクチャーを学び、日本で最初の造園設計事務所を開設した造園家。著書に『趣味のパテオ』（洪洋社・一九三〇）などがある。

石橋迎賓館の庭園には、晩春には筍《たけのこ》が立ち、盛夏には梅の実、秋には銀杏《ぎんなん》が苔の上に落ちる。同館での常陸宮ご夫妻との昼食会で、幹一郎が炊き合わせ料理を見て「あそこの銀杏《いちょう》の実です」と窓越しに見える庭を指し示したことがあった。

「庭の一角に赤いトンガリ帽子のハウスがあったんだよ。正二郎好みの物で、正源寺山ゴルフ場から移設したものだった」と笑顔で話された。正二郎は社長だった昭和三十年代、毎年、久留米工場従業員と共に「石橋迎賓館パーティー」を催した。一日二、三回に分けて行なっていたが、やがて三千名を超す人員となり収容が難しくなったため休止となった。

幹一郎は、多くの人をここで丁重にもてなし、自らも久留米に来た時の宿とした。

静かに佇む石橋迎賓館は、正二郎、幹一郎二代にわたる思いを語り、時代と共に生きている。

（一般公開はされていない）

第三章　太平洋戦争のあとさき

爆撃で廃墟になった久留米市街地

1 正二郎と飛行機タイヤ

「正二郎はね、相当早くから飛行機タイヤの生産に取り掛かった。戦時中、大量に製造されたが終戦の混乱で史料となる飛行機タイヤが残っていない」

優れた技術力を結集した航空機用タイヤは、すべて発祥地久留米工場で製造されたが、飛行機タイヤを生産し始めて六十年を迎えようとしている時、その歴史を物語る史料タイヤが少ないことを、幹一郎は残念がっていた。

「昭和十二年、陸軍の依頼で初の航空機用タイヤ試作開始」（五十周年記念誌）に始まる飛行機タイヤは軍需品として活況を続け、終戦後も一貫して久留米工場で製造された。ボーイング７７７に装着され、世界の空を飛ぶ最新の飛行機タイヤも久留米で生産され資料展示されていたが、歴史を物語る戦前からの飛行機タイヤは、終戦時処分され、わずか二本が現存するだけだった。

戦争中は八割くらい軍需品に切り替えられ、三菱重工業や中島飛行機のタイヤの過半数は私のところでつくった。主に飛行機のタイヤだが、ゴムを利用したガソリンタンクなどもつくった。鉄板でつくったのは弾があたるとすぐもれてしまうので、機銃弾が通過してもすぐふさいでしまうように、厚いゴムでタンクをつくったものだ。終戦まで軍需産業として非常に活況を続け、仕事に追われてどうにもこうにも仕方がなかった。ただ幸いなことに久留米をはじめ、どの工場も全然戦災を受けなかった。なお昭和十七年、外国名をつけるのは国賊だというので「ブリヂストン」を「日本タイヤ」と変えた。（『私の履歴書』）

太平洋戦争が始まり軍用トラックタイヤのほか、軍用飛行機タイヤの約半数を久留米工場で生産し、飛行機用の防弾ガソリンタンク、高圧耐油ホース、可撓管《かぎょうかん》なども大量生産を命ぜられた。昭和十七（一九四二）年、軍需省は飛行機の発着脚部装置を製造し、飛行機タイヤと車輪を組み合わせて納入するように命じた。そのため正二郎は、筑後川を隔てて飛行機タイヤを製造する久留米工場に最も近い佐賀県鳥栖《とす》町（当時）の丘陵地十八万坪（五九五・〇八〇平方メートル）を買い入れ、バラック工場を建てた。翌十八年八月から従業員八百八十名を雇い入れ、アルミニューム車輪を軍用に供する体制をつくった。

そして、やがて終戦。

「バラック工場でのアルミニューム車輪の製造は殆んど生産ゼロのままで終戦を迎えた。ご多聞にもれず、ジュラルミンなどを転用して鍋、釜類を造っていたが、正二郎はやがて自転車製造工場に転換した。ブリヂストンサイクルの始まりです」

と幹一郎は話してくれた。

正二郎が飛行機タイヤの生産を始め、やがて六十年が経とうとしていた平成六（一九九四）年、戦前の飛行機タイヤを持っている方が寄贈を申し出ておられるという朗報が飛び込んできた。福岡県飯塚市本町で寿司店「ふく長」を営む福長直人さんだった。戦前の史料タイヤの保存が無かったことから、蒐集《しゅうしゅう》を広くOBの人たちに呼びかけていた成果だった。

福長さんは、昭和十三年に陸軍に入隊、東南アジアを中心に従軍。昭和二十年、特攻機に搭乗し鹿児島の特攻基地・知覧《ちらん》から飛び立ったが機体不良で引き返し、再び搭乗する機会がなく終戦を迎えた。「戦死した戦友の思い出に」と預かって保管してきたのが四本のタイヤだった。陸軍一式戦闘機「隼」のもので、ブリヂストン製を示す「BS」マークが刻まれていた。「ふく長」に食事に来たブリヂストンOBの人から「昔のタイヤを探している」と聞いて、「高齢になり守っていけなくなる前にタイヤの生まれ故郷に帰そう」と寄贈を申し出たという。

福長さんは、終戦記念日には床の間のタイヤに酒を注ぎ、亡くなった同僚の霊を慰めていたという。

寄贈されるタイヤを受け取りにいく私は、福長さんに宛てた幹一郎からの書状を手にしていた。

拝啓

爽やかな好季節を迎え、貴下ますます御清栄のことと御慶び申し上げます。

さて、此度は貴下が大事に保存されておられた隼戦闘機用タイヤを御寄贈いただき、厚く御礼申し上げます。

奇しくも来年は、久留米工場で飛行機タイヤの生産を開始して、六十周年という記念すべき年になります。

貴下が苦心の上入手された経緯について報告を受けておりますだけに、よくこれを手放される決意をされた御心情に敬服いたしております。この御厚意を意義あらしめるため、久留米工場事務所本館の展示スペースに、戦前の弊社を偲ぶ「記念資料」として置かせていただくよう手配させております。

「生まれた地に、帰す」という貴意を体し、大事にしていく所存ですので御安心下さい。重ねて御礼申し上げます。

敬具

平成六年十一月吉日

株式会社ブリヂストン
取締役名誉会長　石橋幹一郎

福長直人様

平成七（一九九五）年四月十九日、福長さんを迎えて展示場開きを行なった。寄贈された四本の戦闘機用タイヤは、特攻隊姿の福長さんの写真と共に久留米工場内に展示された。

昭和十九年から、学徒動員として久留米工場で戦闘機用タイヤの生産に携わった、久留米市善導寺町の加藤順一さんと、同市諏訪野町の山本昭三さんにも同席してもらった。ふたりは学徒動員のの日々を綴った日記をめくりながら、「パイロットが足りないのにお前たちがちゃんと造らなければパイロットは死んでしまうぞ、といつも上官に怒鳴られていた」と当時のエピソードを披露した。福長さんは「外地の滑走路は短く、タイヤがパンクすればあっという間に命をなくしてしまう。死と背中合わせの毎日で、大地を踏むまで生きた心地がしなかった」と体験談を話し、「戦闘機タイヤを造った人、戦闘機に乗った者、同じ戦争体験を味わった同志が出会えて、生まれ故郷に帰ったタイヤも喜んでいるでしょう」と語った。

福長さん寄贈の隼戦闘機タイヤ

2

海中から引揚げられた戦闘機

平成八（一九九六）年九月十日、福岡市の博多湾雁《がん》ノ巣鼻《すはな》から南東約六〇〇メートル、水深三メートルの海底で旧日本軍の戦闘機がほぼ原型のまま発見され引揚げられた。旧陸軍九七式戦闘機と判明した。博多湾での浚渫《しゅんせつ》工事中に発見されたものだった。

引揚げられたタイヤには「昭和十九年十一月製　朝鮮タイヤ工業株式会社製」の文字が鮮明に残る。ブリヂストンタイヤが戦時中、日本タイヤと呼ばれた当時の外地工場の一つの製品であることを示している。

引揚げ後、操縦席内にあった箸箱《はしばこ》から、搭乗者は鳥取県淀江町出身の渡辺利廣少尉とわかった。渡辺少尉は、沖縄戦への特攻出撃を命ぜられ、旧満州公主嶺から鹿児島県の知覧《ちらん》飛行場に向かう途中、雁ノ巣沖に不時着。その後、同少尉は別の九七式戦闘機に乗り知覧基地から沖縄に特攻出撃、戦死された。

この機体発見後、九州各地の戦争資料を展示する施設から引取りの希望があったが、かつて東洋一の陸軍飛行場があった大刀洗《たちあらい》飛行場ゆかりの地、福岡県朝倉市大刀洗平和記念館（当時）で保存されることとなった。

五十一年ぶりに引揚げられた九七式戦闘機は、通算三、三八六機生産された。現存する機体は唯一この機だけとなっている。

この当時の飛行機タイヤの保存も数少ないなかで、機体に装着された状態で発見された飛行機タイヤは、「歴史に残る貴重品」といえるものだった。同年十月一日付西日本新聞は「もう一つのタイヤ史」と見出しをつけ紹介した。

日本新聞 1996年(平成8年)10月1日 火曜日

もう一つの〝タイヤ史〟

はぜの実

福岡市雁ノ巣付近の博多湾から引き揚げられた旧日本軍の九七式戦闘機＝**写真**＝が、各地の資料館などから引き取り要望が相次いでいるのは、この航空機がほぼ原形のまま見つかるのは、極めて珍しいからだという。実は、同時に発見された飛行機タイヤも「歴史に残る貴重品」との指摘が関係者からあった。

久留米市のブリヂストン久留米工場によると、引き揚げられた車輪にある「昭和19年11月製 朝鮮タイヤ工業株式會社製」の文字は、ブリヂストンが戦時中、日本ゴムと呼ばれた当時の外地工場の製品であることを示したものだという。

当時、飛行機タイヤは三社がつくっていたが、ブリヂストンの軍用機タイヤは、終戦まで約三十二万本製造された。戦局厳しく原料調達が難しかった昭和十九年にも十七万本が生産された。ところが、終戦と同時に、機体は大半が焼却、破棄されたため、当時のタイヤもほとんど残っていない。しかも機体と一緒に見つかったのは例がないという。

ブリヂストン発祥の地である久留米工場では、航空機タイヤを一手に製造、二年前には最新鋭航空機の「ボーイング777」に採用されるなどの実績を持つ。同工場の中野政則総務課長(五五)は「ブリヂストンが航空機タイヤをつくり始めてちょうど六十年になるが、その節目に貴重な歴史遺産が見つかりました」としみじみ語った。タイヤを引き取っては、との声もあるが、久留米工場では、「機体保存の要望が出ている折、タイヤだけというわけには…」と、当面は事態を見守ることにしているそうだ。 (郡)

1996年10月1日西日本新聞

九七式戦闘機のタイヤ

海中から引き揚げられた後修復された
九七式戦闘機

引揚げられたタイヤの製造地、「朝鮮タイヤ工業株式会社」は正二郎が戦前建設した海外工場のひとつであった。

昭和十（一九三九）年に、正二郎は京城工場の計画を持ったが、支那事変が勃発（昭和十二年）し一時中止。改めて同十四年京城工場として建設。十六年五月、資本金三百万円をもって朝鮮タイヤ工業株式会社を創立、自動車タイヤ日産二百本の操業を始めた。

朝鮮工場に続き青島工場、遼陽工場、吉林工場、台湾工場、ジャワ工場と戦前海外にタイヤ製造拠点をつくったが、終戦によりすべてを失った。

「終戦時の払込資本金は二千二百五十万円、このほか海外投資総額千五百万円で総投資額は三千七百五十万円であった。これに対し、終戦による総損失額は四千二百五十万円に達した」と正二郎は『私の歩み』に書いている。

3 学徒動員──大戦の記憶を刻む

昭和十八（一九四三）年、太平洋戦争は激しさを増しアッツ島の日本軍は玉砕《ぎょくさい》し、神宮外苑では学徒が出陣していった。軍の命令で「日本タイヤ」と改称させられ、軍需監督官の指揮下におかれたブリヂストンタイヤは、格別に大きな軍需工場だったことから、相当数の「学徒動員」が働いていたと考えられる。多量に生産した戦闘機タイヤが保存されていないのと同様、「学徒動員」の実態を社史に見ることはなかった。

その実態を正二郎は『私の歩み』にわずか数行だけ残している。

「幸い技術者と熟練工員の応召は免除され、学徒動員により常に五千人の要員を持って終戦まで昼夜兼行を続けていた」

「終戦を迎えてから軍需監督官は軍需生産の秘密消滅のため、書類を一切焼却させたから、記録は皆無くなった」

終戦当時、日本タイヤ久留米工場長だった石丸忠勇が、『石心』に書いた文章の一部にこうある。

久留米市が焼痍爆弾《しょういばくだん》に見舞われ、灰尽《かいじん》になった翌日の昭和二十年八月十二日は、朝から米軍小型機の来襲、機銃掃射が再三で、非常に危険でありましたので、三千七百名の学徒と、二千余名の女子工員は正午に皆帰宅せしめ、男子工員七百余名で作業を続けていました。正午頃、双葉山（現在の時津風）が前日の空襲の見舞いに来てくれました。当時、双葉山門下の力士四十余名は、工場に動員されて、現在の横綱鏡里、大関大内山、また若葉山等みな重作業を致していました。

この資料から、三千七百名の学徒動員を含め工場には六千四百名近くが在籍していたことを伺い知ることができる。学徒動員の実態はそれ以上は分からず「空白の工場史」となっていた。

戦後五十年を迎えた平成七（一九九五）年、かつて「学徒動員」として働いていた人たちが久留米工場に訪ねて来られるケースが何度かあった。七十歳前後となったその方たちは、戦前から残る第一工場を当時の記憶と重ね合わせながら見学された。

見学後送ってくださった回想文は「空白の工場史」をいくらかでも埋めるものとなった。

当時、久留米高等工業学校化学工業科五回生の梅崎栄幸、岩下一誠、田栗末太三氏共同執筆による「日本タイヤ動員記」には次のように書かれていた。

久留米工場に動員されていた学徒動員（学徒）は、久留米工専、福岡女子青年師範、中学明善校、久留米高女、昭和高女、南筑中学、黒木高女、大分の庄内高女などであり、そのほかに鹿児島などから来ていた女子挺身隊《ていしんたい》がいた。

久留米工専からは三十五名、久留米高女は三百名前後、工場全体に働く動員学徒は、七百名から千名はいたと思われる。屋上には常時警備隊がいて、学徒らは空襲のたびに周辺の防空壕に避難しながら生産に従事していた。

久留米工専生は十八～二十歳、久留米高女生は十六～十八歳、工場は殆んどが動員学徒という感じで、女子学徒は「久留米高女報国隊」といった白い鉢巻をキリリと締め、みなモンペをはいており、工場の入退場には軍隊調に「歩調とれ」をしていた。毎月八日は「大詔奉戴日《だいしょうほうたいび》」と定められ「神風」と書いた鉢巻をして働いていた。

工場では、軍の飛行機の防弾タンクを造る仕事の殆んどを、久留米工専と久留米高女の生徒でやっていた。

戦闘機のゴム製防弾タンク製造に従事したという久留米高女の楢原《ならはら》ひさ子さんは、次のように書いている。

久留米市合川町の自宅から京町の日本タイヤの工場まで、学徒や工場労働者で満員の列車で通っていました。工場では、よその学校の生徒と親しくなって楽しかったけれど、検査作業で防弾タンクの中に入り、ベンゼンなどの強いにおいで友達が気絶したこともありました。「大詔奉戴日」（日米開戦の記念日）は工場の屋上に整列して訓辞を聞きましたが、寒くて本当に辛かった。今の若い人には馬鹿みたいに見えるでしょうが、その頃はみんな必死でした。

久留米空襲の時は、黒煙で太陽が真っ赤に見えて、友達と「風船爆弾だ」と怖がったことを覚えています。夕方になってやっと帰った自宅は無事でしたが、死んだと思われて私に線香があげられていました。孫には味あわせたくない体験です。

終戦記念日を控えた平成九（一九九七）年八月十日の西日本新聞朝刊には、「動員学徒の証言集

西日本新聞　1997年(平成9年)8月10日

軍統制下の「空白の工場史」発掘

動員学徒の証言集め

ブリヂストン久留米工場

第二次世界大戦中、軍需工場として戦闘機のタイヤや防弾タンクなどを製造していた久留米市のブリヂストン久留米工場（久留米市京町）が、学徒動員で働いていた当時の生徒たちの証言や資料集めに乗り出している。

久留米高女の運動会。後方の煙突が「日本タイヤ」（ブリヂストン久留米工場に寄せられた写真）

同工場の戦時の状況は、終戦時に軍部が関係書類、生産されたタイヤなど一切を焼却処分したため、学徒動員の人数すら分かっていない。

今回の取り組みは、葬り去られた工場の「戦時史」を掘り起こすと同時に、兵器づくりに少年少女までを駆り出した戦争の実態を後世に伝えるのが狙いだ。それはまた、空襲で焼け野原となった久留米の、"街の戦史"のやみの部分を照らし出す作業でもある。

ブリヂストンが証言集めなどを始めたのは、二年前、旧陸軍戦闘機に使用されたタイヤが、元陸軍飛行隊員から久留米工場に贈られたのがきっかけ。これを契機に、当時の学徒の工場訪問が相次ぎ、工場側が証言を書き留めることになった。

これまで約八十人の証言が集まり、多くの日記や写真も寄せられている。

久留米工場はブリヂストンの発祥の工場。社名は、「ブリッヂストンタイヤ」でスタートしたが、軍の「英語を変更せよ」との命令で一九四二（昭和十七）年、日本タイヤに改名。四四年四月、軍需会社に指定されたのに伴い、完全に軍部の統制下に入った。

戦争の実態伝え　平和の祈りに

当時の久留米高女生は、この姿で働いた。腰の白いベルトが精いっぱいのおしゃれを表現していた（檜原ひさ子さん提供）

当時の社員、宮原勝美さん(八四)＝久留米市京町＝によると、旧制の中学明善校、久留米高女（ともに現明善高校）、昭和高女（現久留米高校）のほか、大分からも学徒が動員され「七百人以上が働いていた。屋上には常時、警備隊がいて、学徒らは空襲のたびに周辺の防空壕に避難しながら生産に従事していた」という。

市街地の六、七〇%が焼失、死者二百十二人が出た四五（昭和二十）年八月十一日の久留米空襲で、工場は偶然にも被害を免れたものの、働く学徒は、家が燃え、家族が犠牲になった例が少なくなかった。

証言集めにかかわる久留米工場の中野政則総務・環境保全課長は「軍需工場の実態を明らかにすることは、平和のありがたさをかみしめる作業でもある。調査を平和への祈りにつなげていきたい」と話している。

空襲から間もない久留米市中心部。右側の道路は明治通り

1997年8月10日西日本新聞

め」の見出しで学徒動員として久留米工場で働いていた四名の手記が紹介された。
新聞を見た匿名《とくめい》の方から「学徒動員で働いた女子学生です」と一通の手紙が届いた。

前略

八月十日西日本新聞で軍統制化の動員学徒の記事を見ました。記事には旧制柳河高女の名前がありませんが、動員参加しています。私もそのひとりです。

作業は飛行機の部品作りだったでしょうか「リーマ」という機械を使っていましたが、慣れるまでは生爪を剥《は》いだり苦しい目にあいました。一番大事な仕事のことがはっきり思い出せなくて残念です。新聞に「大分からも動員され……」とありますが、庄内高女ではなかったかと思います。僅《わず》か一～二歳の年の差ですが高等小学校からも動員されていて、痛々しかったことを覚えています。指導教官として原ミツ先生といって立派な方がいらっしゃいました。ご健在ならば詳しいことが分かるかもしれません。

空襲警報が鳴ると筑後川の河川敷に掘られた防空壕とは名のみ、タコ壺《つぼ》と呼ばれていた単なる穴に逃げ込みました。現場から遠いので「死んでもいい」と走るのを止めると「馬鹿ッ」と派遣将校（中尉殿）にどなられたものです。

東の空をB29が編隊を組んで飛んでいきます。太陽の光に輝いてまるで銀色のお城の大移動で圧倒されました。大刀洗のあたりと思われる所から一機、たった一機赤トンボと云われていた練習機が飛び立って間もなく撃墜されました。こんなにはっきり戦力の差を見せられても負けるとは思いたくなかったです。

ひとときのご縁でしたが、貴社で働きましたので工場の前を通る時は立ち止まって、戦時中に比べれば「立派になったなー」と感無量になります。

動員学徒の働きは工場史に特筆されるべきかも分かりません。生徒の方も早く気付くべきでしたね。二度とあってはならないことですが、貴重な経験でした。

かしこ

中野政則様

動員学徒

当時を知る人たちが「屋上に陸軍機関砲があったが、空襲の時には役に立たなかった」と語っている。直径一〇メートルほどの円形の機関砲跡が五階建工場に残り、唯一の「戦争遺跡」であった。

北九州の工場や長崎の造船所など、戦時中軍需工場であったところに行くと、学徒動員の慰霊碑を工場構内に見ることがある。爆撃で散った若い魂が祀《まつ》られている。兵器生産に動員され、それぞれの未来が絶たれた姿だ。三千七百名もの学徒動員が働いていたブリヂストン久留米工場にはそれらは見当たらない。幸せなことと言わねばならないが、学徒動員によって支えられた歴史のひとコマがあったことを振り返ることも少ない。

4

赤煉瓦《れんが》

「正二郎はね、戦時中ここに窯業所《ようぎょうじょ》を造って、煉瓦《れんが》の自家生産をした。工場建屋《たてや》や従業員施設を建てようとしても、軍需優先の時代で建材が手に入らなかった。もともとはこの地に福利厚生施設を構想して土地の手当てをしたが、江島窯業という会社を作り、この場所から出る粘土を使い煉瓦製造を開始した」

幹一郎がこの話をしてくれたのは、ブリヂストンカンツリー倶楽部（BSCC）の視察を終えての帰り道、一九九〇年のことだった。

BSCCから車で五分ほど佐賀方面に行ったところに「江島窯業」はあった。

筑後川を挟んで久留米工場まで四キロの地。現在の佐賀県神崎郡江島町。小高い丘からは工場が手にとるように見えた。筑後平野を見渡せる日当たりのよい南斜面の丘陵には赤松の自然林が繁り、軽井沢に似ていた。正二郎はこの地に従業員の文化生活施設をつくる計画であった。昭和十七年のことだった。

正二郎の書き物に「江島窯業」を見ることはない。存在を知る唯一の手がかりは、昭和二十三（一九四八）年十一月一日発行の久留米電話番号帳に「江島窯業株式会社」の広告が「日本タイヤ株式会

昭和23年11月1日発行の久留米電話番号帳の広告頁

社」と並んで載っていることである。日本タイヤ株式会社とは、戦時中の昭和十七年二月二十日、軍からの指令で改称させられたブリヂストンタイヤ株式会社のことである。昭和二十六年二月二十五日に復旧するまで続いた。

終戦後、正二郎が建設した建物に赤煉瓦を使用した建物を数多く見ることができた。久留米工場事務棟の腰壁、ブリヂストン会館、石橋美術館（当初の建設）等。今もその姿を見ることができるのは、歩道に赤煉瓦を敷き詰めたブリヂストン通り、石橋文化センターのペリカンプール周囲の路面、櫛原町の久留米教育クラブ講堂（現、篠山会館）などである。

ブリヂストン通り開通式を伝える毎日新聞（一九五五年十二月十五日付）は、次のように紹介している。

「ブリヂストン通りは全長千二百m、車道幅一〇m。八mの歩道は赤煉瓦。その赤煉瓦は三十三万千五百枚でこれだけでBSの事務所の三分の一くらいの建

赤煉瓦のブリヂストン通り歩道

物が建つといわれている。又使用赤煉瓦を並べると延長七〇キロ、これは福岡―大牟田間の距離と同じである」

幹一郎は赤煉瓦のことをもう一つ話してくれた。

水明荘の一階応接室のソファーに座ったときのことだった。

「この部屋の壁の赤煉瓦は、表面がデコボコしているでしょう。ここを改装するときに、煉瓦工場から出たオシャカの煉瓦を、正二郎は使った。困ったのは大工さんだったそうよ。みんな一個一個の煉瓦の形が違い、積み上げて造るのに大変苦労されたそうな。煉瓦のそれぞれに顔があり、個性があって面白いと正二郎は得意がっていましたよ」

煉瓦を焼いて戦時中の物資がなかった時代をカバーすると共に、外観美と家屋の寿命延長を目指した正二郎。ブリヂストン通りを歩きながら、正二郎と煉瓦の係わりを思索するのも、なんとも愉快なことである。

5 米軍接収時代の石橋邸

「四十年前住んでいた石橋邸はまだあるだろうか、残っておれば是非見せて欲しい」

米国人の老夫婦が、久留米市役所の谷口久市長を訪ねてみえたのは平成二（一九九〇）年十月一日だった。市役所に行けば「石橋邸」（現在の石橋迎賓館）の存在が確認できると判断したモリス氏夫妻だった。

モリス氏は、「昭和二十年から二十四年まで米軍人として日本駐留の間、石橋邸での生活を送った。元気なうちに一度は久留米を訪れてみたいと思って夫婦で訪日した」と言う。終戦後、石橋邸が米軍に接収されていたことがあった。

市長からの連絡を受けた私は、夫妻を石橋迎賓館へ案内した。

夫妻は今日まで大事にしてきたという写真集を見せてくれた。

「自分たちに子供が生まれたので、石橋さんは、夫婦部屋の隣に子供部屋を作ってくれた」と子供部屋が載っている写真集を開き、当時のことを話してくれた。

「日本での出産を選んだ。病気になった子供のために久留米医専（現・久留米大学医学部）の医師が、付きっ切りで診てくれた」と夫人は片言の日本語で振り返った。

改装された現在の石橋迎賓館から子供部屋は消えているが、モリス氏夫妻は部屋があったところに立ち涙を浮かべて見つめていた。

久留米市内の数箇所に分かれ駐留していた米軍人は、時には全員が集いダンスを楽しんで、日本人との交流も行なっていたという。その場所は、いつも石橋邸だったという。

写真集は任務を終えて米国に帰る際に日本側から贈られたものだった。

モリス氏夫妻は日本人の親切さを繰り返し口にし、「石橋さんへ伝えて欲しい」と感謝のメッセージを残して米国へ帰っていった。夫妻の話から、東京に住む生田保行さんがダンスパーティーの写真を所持しておられることを知った。

生田さんは石橋邸での写真を見せてくれた。現在の石橋迎賓館の玄関から入った踊り場で、左手には二階へ上がる階段がある。ダンスをしているのは米軍人の将校の人たちで、階段近くに石橋徳次郎（二代目、本名義雄）の姿が、奥には幹一郎の姿も見える。生田さんの記憶では、正二郎も居たという。

ダンスパーティ風景（1946年）

ダンスパーティを開いた玄関の踊り場

生田さんは終戦時、中学明善校（現・明善高校）二年生。父親が久留米医専の教授で、進駐軍を診ていた関係で、石橋邸に住んだ施設隊長のハーン大佐の当番兵と親しくなり、何度か石橋邸を訪れた。徳次郎は生田さんの中学明善の一級後輩で友人であった。写真はその当番兵の撮影とのことで、終戦翌年の昭和二十一（一九四六）年四月頃のようである。

当時市役所の中に「終戦処理課」があり、久留米市内の数箇所に、米軍海兵隊第32歩兵師団の「住居」が設けられていた。石橋邸は板付空港改造建設部隊で、大戦中B29用滑走路を多数構築してきた歴戦のハーン大佐一行十数名が駐在していた。　（一般公開はされていない）

6　昭和天皇行幸碑

「正二郎はね、わが国の戦後復興に寄与せんとする決意を天皇陛下に奏上《そうじょう》し、それを肝に銘じて邁《まい》進《しん》した。会社創立二十五周年式典でも同じ心情を述べていたが、正二郎にとって、昭和天皇行幸《ぎょうこう》は人生最良の日だったのではないだろうか」

ブリヂストン久留米工場の正門を入ると、昭和二十四（一九四九）年の昭和天皇行幸碑が建っている。その碑の前で幹一郎は話してくれた。

行幸碑と向き合うように、創立二十五周年（一九五六年）に建設された「記念ホール」が建つ。行幸碑を正面にした場所に記念ホールを建てることは、正二郎の思いだったという。

正二郎は「天皇陛下の行幸」と題し次のように書いている。

天皇陛下は九州御巡幸の途次、昭和二十四（一九四九）年五月二十八日午後一時半、わが社久留米工場に行幸され、じつに創立以来の光栄であった。

この行幸は単なる産業奨励のためではなく、人間天皇として、一人でも多くの国民に接して、日本再建のために働く国民の志気を高めるかたわら、戦争の犠牲となった国民に対し、深い同情の御言葉をかけられ、真心にふれあうという御思召《おぼしめし》だったので、わが社は工場内外の整理整頓はもとより、形式にとらわれず、ただ誠心誠意御歓迎申し上げることにしたところ、御到着にあたり、全従業員の中から期せずして歓呼の嵐がどよめき、日頃主義主張を異にするものすら国旗を振る姿が見られ、至情のほとばしりに感銘深いものがあった。

（『私の歩み』）

天皇陛下行幸（1949年）

奏上文を刻んだ昭和天皇行幸碑は次のようなものだ。

本日は　陛下行幸の光栄に浴しまして　従業員一同感激の至りでございます　茲《ここ》に謹《つつし》んで御《お》禮《れい》申し上げます　次に弊社事業の概況を申し上げます
弊社は昭和六年創業以来満十八年を経過いたし　現在資本金参千万円であります　工場は久留米　佐賀　横浜　赤羽の四工場で　製品は　自動車自転車用タイヤ　チューブ　ベルトホース　ゴルフボール　自転車で　商標はブリヂストンであります　当久留米工場は　自動車自転車用タイヤ　チューブの製造に毎月ゴム四百トン内外を消費いたして　毎月生産額約貳億《に》五千万円の内三〇%を輸出しております　幸に戦災にかかりませず　操業は設備能力の七〇%くらいであります　尚　弊社は国内用自動車タイヤの四〇%以上を生産致し　業界の首位を占めております　当工場の従業員は　男子五百名　女子四百名で真に勞使一体産業復興の重大使命の為　生産に励んでおります　主要原料の生ゴム　綿花　カーボンブラックが輸入品であります為　今回の為替レートの決定に就いては専ら能率増進と節約により　原價《げんか》の引き下げに努め輸出を確保して日本再建に微力を盡《つく》す覚悟でございます
一九四九年五月二十八日
社長　石橋　正二郎

福岡県刊行の『天皇陛下行幸録』によると、昭和二十四年五月十八日の小倉駅ご到着に始まり、六月十一日小倉駅からご帰京の途につかれる間、福岡、佐賀、熊本、長崎の四県にわたり、二十三日間に及ぶものであった。その間ご視察された主な企業（当時社名のまま）は、日本製鉄、三菱化

行幸記念碑を訪れ、原文を作った碑文に思いをめぐらせた加賀守夫妻（1989年）

行幸記念碑

成、安川電機、旭硝子、三井鉱山田川鋼業所、日本タイヤ、日華ゴム、三井鉱山三池鋼業所、三井化学、郡是《ぐんぜ》製糸などであった。

敗戦後の日本経済再建の要衝ともなる九州の産業地を視察し、国民を激励されたお姿がうかがえる。

時は過ぎ、昭和から平成へと移った平成元（一九八九）年。

幹一郎が私費で建設し、郷里久留米市へ寄贈する石橋美術館別館の完成竣工式が行なわれた。招待された百名の出席者の中に、東京から参列した加賀守がいた。東京・ブリヂストン美術館勤務を最後に退いた加賀は、ブリヂストンの久留米工場や本社などの要職を経歴した。「久留米を離れて今日は三十年振りに来た」という加賀を、式の合間を縫って私は久留米工場へお連れした。工場正門を入ると、加賀は昭和天皇行幸碑の前に佇んだ。

視力が少し衰えていた加賀は、石碑に顔を押し付けるよう見入り涙を流した。

「この碑の起草文は私が書いた。上司の瓜生《うりゅう》さんが手を入れてくださり、訂正の赤鉛筆で原稿用紙は真っ赤になり、ほとんど自分の文章は残っていない状態で、残ったのは数字の部分だけだった」碑文を指先で撫《な》でるようにいとおしんでいた。

昭和六十四（一九八九）年一月七日、天皇陛下崩御の日は半旗を掲げ、行幸記念碑前に久留米工場二百人の従業員が整列し、黙祷を奉げ弔意を表した。

皇太子殿下と小和田雅子さんのご成婚が行なわれた平成五（一九九三）年六月九日、行幸記念碑の前では、ブリヂストン吹奏楽団が「新・祝典行進曲」を演奏した。この曲はこの日のために作曲した團伊玖磨から送られてきた楽譜であった。東京、久留米同時初演となる演奏であった。

なお、幹一郎から「二十五周年記念ホール」は旧陸軍飛行場格納庫の払い下げを受け、半分を石橋文化センター体育館とし、残り半分を記念ホールとしたと聞いた。石橋文化センター体育館は、市民のスポーツ振興に役立ったが、現在は解体されその姿を見ることはできない。

第四章

働くだけでなく楽しみの場をつくろう

1956年4月26日、石橋文化センター開演の日、野外音楽堂での演奏会

1

ダンスホールを造った正二郎

「正二郎はね、終戦直後の荒廃した社会世相の中、この不自由な時代に一生懸命働いている従業員に楽しみらしいものもないといけない、とレクレーションの場を考え、その一つにダンスホールを造った」

幹一郎からこの話を聞いたのは、福利厚生の一環として正二郎が発想したゴルフ場「ブリヂストンカンツリー倶楽部」が四十周年を迎えるにあたり、その記念誌を構想していた平成八（一九九六）年のことだった。

終戦から三年ほど経つと社会的混乱もややおさまりはじめ、人々の中には楽しみを求める気運も出始めていた。しかし戦後の生産復興に取り組む従業員にとって、これという楽しみの少ない時代であった。正二郎は木造三階建の「厚生会館」を久留米工場内に建てる時、その三階に従業員用のダンスホールを造ったのだという。

「正二郎さんがダンスホールを?」とちょっと意外な感じもするのだが、「あれとそっくりのものを」と正二郎が指示したのは、ダンスホールのバンド舞台であった。

「東京・銀座の銀巴里《ぎんぱり》の舞台は早くから目をつけていたみたいで、新しいものを取り込む正二郎に

東京・銀座の銀巴里とそっくりの舞台は厚生会館からブリヂストン会館へ移り使用された

とっては、いつか従業員のために、という思いがあったのだろう」

幹一郎は話す。銀巴里は戦後東京・銀座に出現した高級喫茶店であった。

厚生会館ダンスホールのコーナーには銀巴里とそっくりの舞台が置かれ、軽音楽を得意とするバンドと、タンゴを奏するふたつの生バンドが交互に登場していたという。普段はバイオリンを教え、夜は翠香園（久留米の料亭旅館）でタンゴバンドを率いていた米倉只次《ただじ》が、タンゴバンドのリーダーだった。軽音楽団のメンバーは従業員の仲間たちだった。米倉を引っ張りだしたのは、自らピアノやアコーディオンに親しみ、馴染みがあった幹一郎だった。

「上を向いて歩こう」や「こんにちは赤ちゃん」を作曲した昭和のヒットメーカー中村八大《はちだい》は、当時の様子を自叙伝『ぼく達はこの星で出会った』（講談社）にこう書いている。

ブリヂストンの軽音楽団にピアノ弾きが足りないからと誘いがあった。バイオリン、チェロ、アコーディオンなどと不思議な楽団だったが、その楽団のバイオリンが明善高校の阪野勇先生だったり、アコーディオンがブリヂストンの石橋幹一郎さんだったりして、タンゴなどを毎日演奏して楽しんだ。

中村八大は中国・青島から引揚げ、十四歳から十八歳まで久留米で過ごした。ブリヂストンタイヤの工場と隣り合わせに校舎がある福岡県立明善高校に在学していた頃から音楽の才能を発揮していた。学校のピアノではジャズは弾かせてもらえず、自由に弾けるブリヂストンのピアノは何よりの楽しみだったという。

中村八大(1931-1992)

健康的な場所で男女が共に楽しめる場がなくては、との正二郎の思いから始まった厚生会館ダンスホールは、男女同権が叫ばれ、ダンスが親しまれるようになってきた社会背景もあって、従業員に喜ばれた。

正二郎は工場のそばに社宅を作り、幼稚園や児童会館を備え、スポーツ文化施設を配慮した。働く人たちが楽しみをもって生活できるよう、働く者重視の考え方だった。

ダンスホールの軽音楽団の仲間は、昭和三十年に従業員によるブラスバンドが編成される時、合流した。幹一郎は、米倉只次にブラスバンドの指導を依頼した。米倉は吹奏楽の経験はなかったが、〝素人楽隊〟をドレミファから育てていった。銀巴里とそっくりの舞台は、従業員の会食、宿泊や結婚式場として旭町に新築された「ブリヂストン会館」に移り、その後も活躍を続けた。

2 筑後川リバーサイドゴルフ場

太平洋戦争中、海軍主計大尉などを経て、石橋幹一郎は昭和二十年十二月にブリヂストンタイヤに入社した。久留米工場で七年間ほど生活をしていた頃の様子を、幹一郎は「ブリヂストンカンツリー倶楽部物語」を編集するとき、話してくれた。

「久留米工場のすぐ下から、渡し舟で渡った対岸の筑後川の河川敷がかなり広々としていた。そこにいつしか小さなゴルフ場が生まれていた。工場のゴルフマニアたちが造ったもので、グリーンは重油を混ぜ砂をかぶせたサンドグリーンであった。それは名ばかりのゴルフ場であったが、工場が午後四時二十分に終了するや否や、マニアたちはただちに渡し舟に飛び乗り、争って〝ゴルフ場〟に駆けつけた。そして、陽が沈むのが遅い九州だから夏季は午後八時半くらいまではラウンドを続けていた。これを〝リバーサイドゴルフ場〟と呼んでいた」

リバーサイドゴルフ場へゴルファーを乗せていた渡し船。
向こう側の建物はブリヂストン久留米工場（1950年頃）

あらゆるものは欠乏し、社会は暗澹《あんたん》たる世相が続き、多くの国民は衣食住を求めていたものの、海外からの引揚従業員も加わり、工場は生産復興へ向け活気にあふれていた。

やがて、人々の中には楽しみを求める気運も出てきた。しかし、昔、クラブを手にしていた従業員がゴルフを楽しもうとしても「大保ゴルフ場」は既に農場となり、昭和十二年に開場した「唐津ゴルフ場」（佐賀県唐津市）は占領軍の管理下にあって、日本人プレーヤーはなかなか入場できなかった。

終戦後のそういうなか、筑後川の「リバーサイドゴルフ場」を従業員たちが造った。やがて地域の人々も一緒にプレーを楽しむようになった。戦前「大保」のメンバーだった首藤謙は、次のように話していた。

「リバーサイドゴルフ場には、ブリヂストンの工場下から渡し舟で行っていたが、一度だけ筑後川に投げ出されたことがあった。大雨が降るとすぐに冠水して、へこんだサンドグリーンが使えなくなり、四、五日は閉鎖。梅雨期は一ヶ月近くプレーできないこともあった。しかし6ホールのリバーサイドゴルフ場は我々市民愛好者にとっては格好のプレー場だった」

ブリヂストンの副社長をつとめた龍頭文吉郎もここで楽しんだひとり。

「私共が、筑後川の河原でゴルフをやっていると、正二郎さんも時々お見えになり一緒にプレーしたこともあります。かねがね社員のスポーツを奨励しておられた正二郎さんは、『ゴルフをやることはよいことだ。近くにゴルフ場があればな』と言っておられました。また、ご自身唐津ゴルフ場に行かれて、片道三時間もかかる不便さを身をもって体験されたこともあり、従業員のためにゴルフ場を造ってみたいという気持ちを持たれたようです。すでに正二郎さんの中には本格的なゴルフ場の夢が胚胎していたと思われます」

多くの市民が憩うリバーサイドゴルフ場

　正二郎が「ゴルフは絶対普及する」との直感からゴルフボールの生産を始めたのが昭和九年。しかし四年後には「贅沢《ぜいたく》品」と見なされ、中止のやむなきに至った。天然ゴムの配給統制が解かれた昭和二十五（一九五〇）年に、「贅沢品」は解除されゴルフボールの生産が再開された。正二郎が予測したようにゴルフ愛好者は増え、ゴルフボールの生産拡大のため久留米から横浜工場へ生産地は移った。

かつてゴルフ愛好の社員たちが造ったリバーサイドゴルフ場は、久留米市民のゴルフ場となり、多くの愛好者が憩う場となっていった。今は低料金でプレーできる市民のスポーツ・レクレーション施設として、久留米市が運営している。順番待ちが絶えず年間三万人の利用がある。河川敷ゴルフ場としては全国でも先駆的存在だが、正二郎と深いかかわりを持っていたことを知る人は少ない。

3 ゴルフ場を造ろう

「筑後川リバーサイドゴルフ場」とほぼ同じ時期に、佐賀県鳥栖《とす》市の朝日山の麓にあったブリヂストンの自転車工場の人たちが、建物の周りの余地を利用して、楽しみのために造ったミニゴルフ場があった。「自転車工場ゴルフ場」と呼ばれていた。

幹一郎はこう話していた。

「終戦直前に軍需省から命令を受けた正二郎が、飛行機の発着脚部装置を製造する工場用地を朝日山の麓に求め、バラック建工場を急造した。アルミニューム車輪の製造を始めたが、ほとんど生産ゼロのままで終戦を迎えた。正二郎はアルミニュームを使った自転車の製造に着手し、ブリヂストンサイクルを登場させた。その頃、自転車工場の周辺余地を利用して、埋め土に砂をおいた9ホールくらいのゴルフ場をひそかに造り、盛んに利用するようになっていた」

当時はまだ食糧事情がひどく、広々とした工場の空き地は掘り起こされて芋畑や野菜畑になっていた。畑の畦《あぜ》に土盛りをして小さなティグランドをつくり、適当な距離の畑が一部地ならしされてグリーンに変わり、真似事のような幾ホールかのゴルフ練習場ができた。

本格的でないにしろ、「筑後川リバーサイドゴルフ場」と「自転車工場ゴルフ場」という手造りの二つのゴルフ場が、工場の周りに存在した。

ブリヂストン自転車工場の周りにあった
従業員手造りのミニゴルフ場（1949年頃）

「この二つのゴルフ場を正二郎が見まして、一生懸命働いてくれる従業員には楽しみがないといけない。この不自由な時代に生産復興に努力している従業員が、自分の手でゴルフ場らしきものを造って楽しんでいる。これは何か楽しみの場をつくらんといかんね。早速ゴルフ場を造ろう」

正二郎は、自転車工場を、国道（現34号）をはさんだ反対側に新築移転させ、そのあとに生まれた朝日山の麓にほとんど起伏のない伸びやかな更地をつくり、本格的なゴルフ場を造る計画を立てた。

広大な土地はおよそ九万坪あったが、18ホールには不足だったため、9ホールのゴルフ場として設計され、昭和三十一（一九五六）年着工。旧軍需品工場、後のブリヂストンサイクル旧工場の用地が緑のコースとして蘇生し、従業

ブリヂストンカンツリー倶楽部

員の福利厚生のために計画したゴルフ場「ブリヂストンカンツリー倶楽部」が昭和三十二（一九五七）年開場した。

それから八年を経て、18ホールへ拡張され、地域社会にも更に広くオープンされ、クラブの運営も地域の人々に委ねられていった。

大正の初め「大保ゴルフ場」のスターティングメンバーとしてゴルフに親しんだ正二郎であったが、終生公式ハンディキャップは持たなかった。世上ゴルフの名人上手といわれる人は多いが、ここまでゴルフの楽しみを世の中のために提供した人物はそれほど多くはあるまい。自分ひとりの楽しみより多くの人々の楽しみに広げ、それを見て自ら満足する、このことが正二郎の考えであった。

4　正二郎と『夕鶴』幹一郎と「九響」

昭和二十七（一九五二）年の暮、大阪で初演された團伊玖磨作曲のオペラ『夕鶴』が、三十年十一月二十日に久留米市で公演された。久留米市民のために正二郎が後援して行なわれ、「九州初演」でもあった。

原作は劇作家、木下順二の「鶴女房」。鶴が男に助けられ、妻になって恩返しをする筋立てのオペラ作品である。大谷冽子のつう、木下保が与ひょうを歌い、管弦楽は東京フィルハーモニー交響楽団、指揮は作曲者の團伊玖磨。

当日の毎日新聞朝刊は次のように紹介している。

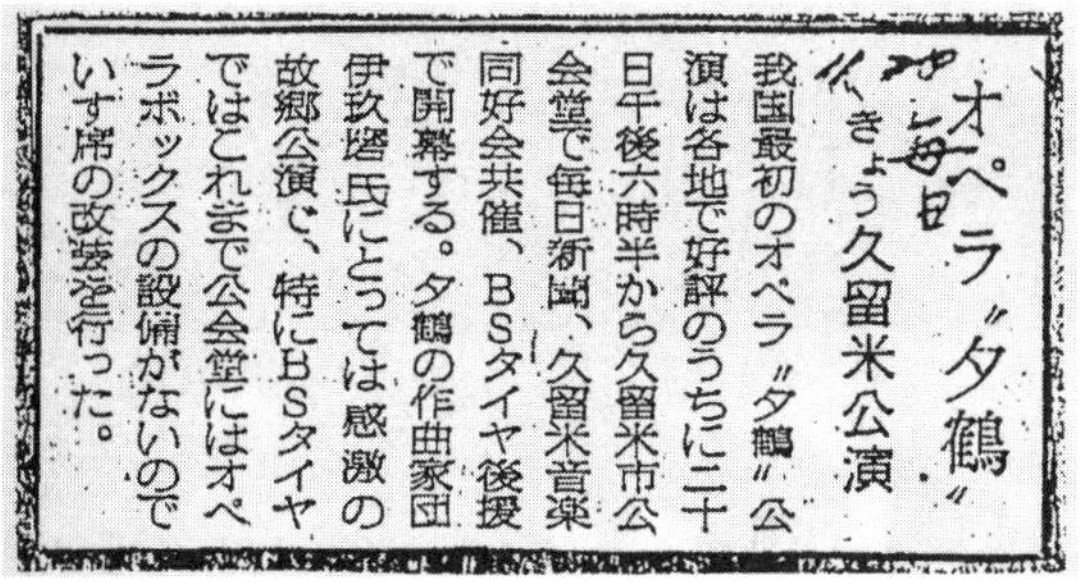
オペラ〝夕鶴〟
毎日
きょう久留米公演

我国最初のオペラ〝夕鶴〟公演は各地で好評のうちに二十日午後六時半から久留米市公会堂で毎日新聞、久留米音楽同好会共催、BSタイヤ後援で開幕する。夕鶴の作曲家團伊玖磨氏にとっては感激の故郷公演で、特にBSタイヤではこれまで公会堂にはオペラボックスの設備がないのでいす席の改装を行った。

昭和30年11月20日毎日新聞朝刊

オペラ〝夕鶴〟きょう久留米公演

我国最初のオペラ〝夕鶴〟公演は各地で好評のうちに二十日午後六時半から久留米市公会堂で毎日新聞、久留米音楽同好会共催、BSタイヤ後援で開幕する。夕鶴の作曲家團氏にとっては感激の故郷公演で、特にBSタイヤではこれまで公会堂にはオペラボックスの設備がないのでいす席の改装を行った。

知への渇きが熱雲のように渦巻いているなか、久留米市民が初めて観るオペラであった。会場は空襲で焼け残った公会堂。オーケストラ・ピットなどまだない時代。舞台に近い客席の椅子を取り外しオーケストラの入る場所を確保した。「工事費用はブリヂ

久留米でのオペラ『夕鶴』(1952年)

ストンの石橋正二郎社長（当時）が負担してくださった」と團伊玖磨は語っていた。本物のオペラを、上質の芸術を市民に届けようとする正二郎の心意気が伝わってくる。

昭和三十一（一九五六）年には、指揮者の渡辺暁雄が新しく編成した日本フィルハーモニー交響楽団を久留米市公会堂に招き、正二郎は市民へ公開した。

昭和二十七年、福岡に「オーケストラ」を誕生させようという話が持ちあがった。指揮者の石丸寛の呼びかけによりNHK福岡・熊本の放送管弦楽団有志に、近郊のプロやアマチュア音楽家を結集し編成されるオーケストラの計画であった。

幹一郎は、福岡の経済界や文化関係者と共に九州交響楽団（九響）の設立発起人のひとりとなり惜しみない支援をおくった。ブリヂストン従業員の太田進（チェロ）、服部六郎（ヴィオラ）ら七、八名のメンバーも加わった。厚生会館ダンスホールのバンドリーダーだった米倉只次は、数名の弟子と共に自身もチェロ奏者として参加した。

「九響」はその翌年第一回の演奏会を福岡市・電気ホール

石橋文化ホールの落成記念「九響」演奏会（1963年）

で開いた。

幹一郎は「九響」を久留米工場記念ホールに招いて従業員と市民向けコンサートをたびたび行なった。幹一郎の基本構想が実った石橋文化ホールのこけら落とし演奏会（一九六三年）は「九響」で幕をあけた。

後援会理事として「九響」の支援を続けた幹一郎が逝去した一九九七年の「久留米・九響定期演奏会」（会場・石橋文化ホール）では、楽団員、市民が幹一郎へ黙祷を捧げ、バッハの「アリア」が追悼演奏された。

5 四季を彩るブリヂストン通り

幹一郎は「ブリヂストン通りの欅《けやき》と、ＢＳブラスバンドは同期生だよ」とよく話していた。「ブリヂストン通り」は久留米に来た時に必ず通る道であったから、欅並木の成長ぶりを眺めては、思いを語ることが多かった。

「正二郎を訪ねて来てくださる方たちが、石橋美術館をゆっくりご覧になって、ブリヂストン通りを散策され、水明荘の庭園を見ながら憩うていただければ、それだけでも正二郎の心に触れていただけるのではないだろうか」

昭和三十（一九五五）年十二月十六日の西日本新聞は次のように紹介している。

「ブリヂストン通り」開通式
循環道路ブリヂストン通りが総工費五千余万円をかけて開通。贈呈式が同社久留米工場事務所落成を兼ねて、十五日午後一時半から、同事務所ホールに土屋福岡県知事、山下久留米市長、田中久留米商工会議所会頭ら知名士約二百名が出席して開かれた。
石橋社長から山下市長へ「ブリヂストン通り」寄贈の目録が渡され、引き続き開通式に移り、打ち上げ花火を合図に石橋社長の手でテープが切られ、BSブラスバンドを先頭に来賓、従業員など四百名の行進が行われ、「ブリヂストン通り記念碑」の除幕式があって、開通式を閉じた。なお同道路両側には欅三百本を植えて水銀灯を立てる計画である。

本来この道は通称5号線（現・久留米市道A2号線）の一環であり、公共事業で整備するのが当然の道路なのだが、戦後、市内の道路整備が進まず市民が非常に不便を感じていた。「じゃあ、道路を造って寄附しよう」と、昭和三十（一九五五）年、用地買収費を含めて建設費用五千六十万円

ブリヂストン通り記念碑（1955年建立）

ブリヂストン通り（1996年）

○ 印はケヤキ

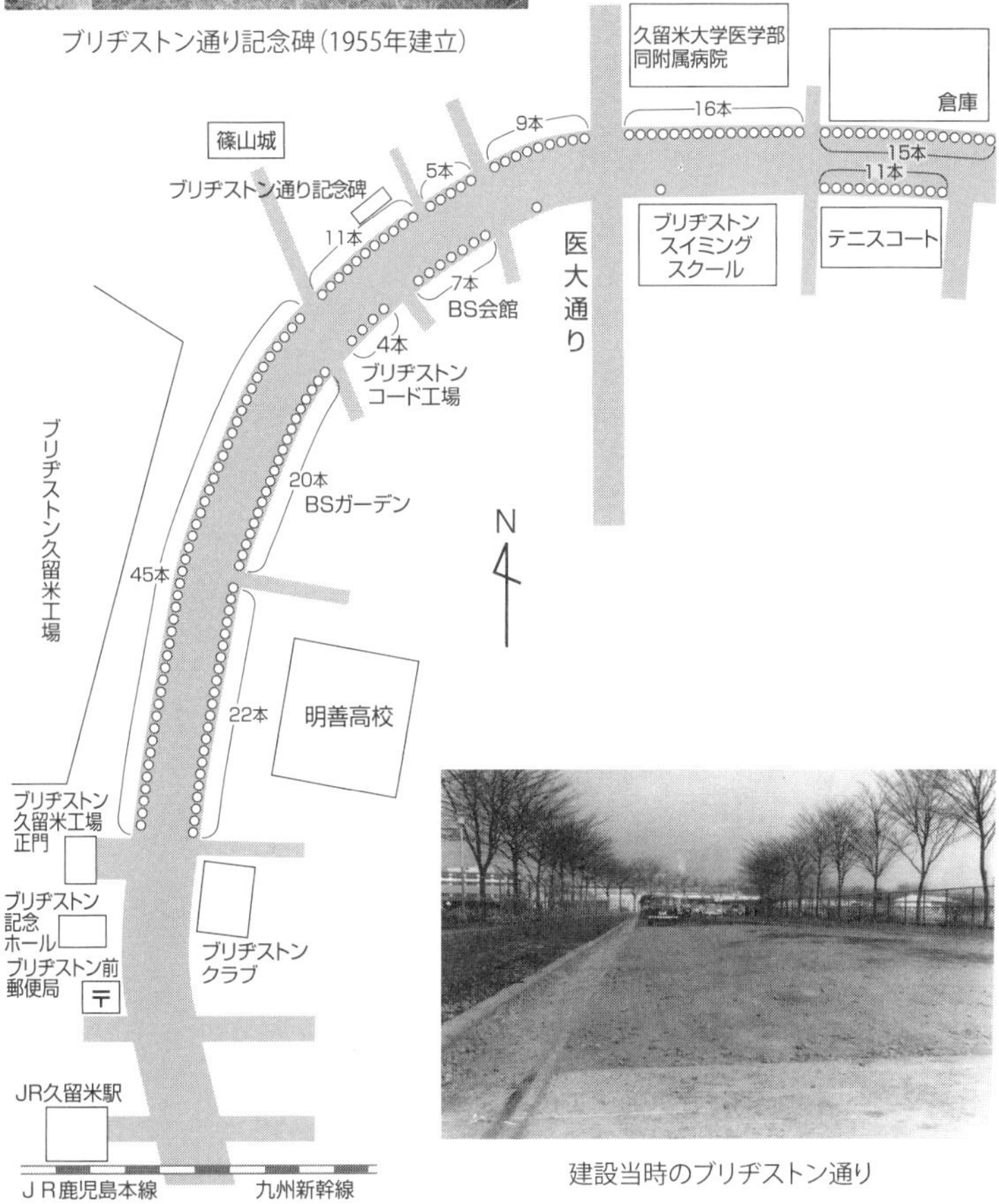

建設当時のブリヂストン通り

ブリヂストン通り開通式でパレードするＢＳブラスバンド
（1955年12月15日）

をかけ、ブリヂストンの二十五周年記念事業の一環として久留米市へ寄贈され、「ブリヂストン通り」と命名された。そのとき建てられた記念碑が通りの中間点にある。正二郎は千二百メートルの道路、道巾一八メートルの両側にゆったりとした歩道を設け、一面赤煉瓦を敷き詰め、欅を植えた。

欅は九州の代表的な樹木ではない。埼玉の県木として知られ、関東地方の甲州街道や府中街道の沿道に多く植栽されている。当時、九州では珍しく欅並木などは見当たらなかった。関東からトラックで運びこまれた二百本以上の欅は、高さ一・八メートル、直径六センチほどだった。

落葉樹である欅の新芽は春になるとやわらかな緑で親しみと安らぎを与える。緑陰の濃い夏は緑のパラソルとなり、蝉たちの合唱がかまびすしい。秋の紅葉は奥深い憂いをもたらす。落葉した小枝に雪がついた姿は一幅の山水画を思わせる。四季折々に変化する欅の色彩と赤煉瓦の取り合わせは、ヨーロッパの「名画」を思わせる。そこには正二郎の審美眼が宿っているようにさえ思える。

ブリヂストン通り開通式で、会社創立二十五周年記念パレードを目指し編成して間もない「BSブラスバンド」（現・ブリヂストン吹奏楽団久留米）が行進演奏したことを幹一郎は懐かしそうに話した。吹奏楽団が市民の前に初デビューしたのが、この日だったという。

「ブリヂストン通り」に植栽された欅は亭々《ていてい》たる森となった。

五十七年が経ち樹高一五メートルほどに成長した欅は、四季折々の表情で市民を楽しませ、早朝のウォーキングコースとしても人気があり、久留米を代表する名所の一つともなっている。久留米市のメインの公共道路として、また、篠山城や梅林寺などを結ぶ景観、観光道路として今や欠かせない通りとなった。

6

美しい花園

「正二郎はね、昭和二十八年の筑後川大水害の後、木造平屋社宅を鉄筋四階建てアパートへ作り直していった。地面が少ない鉄筋アパートでは殺風景になりがちだろうと、周辺に花壇をふんだんに造った。道路に欅を植え、ブリヂストン通りを建設し、通りの中央に〝ガーデン〟をつくってア

ビーエスガーデン（通称ブリヂストンガーデン・1961年）

パートや工場への花の供給センターとした。緑や花々のもたらすやわらかい雰囲気が生活に潤いを与えるものとして高く評価していたんだろうね」

「大阪花の万博」開催の頃（一九九〇年）その理事を務めていた幹一郎が、大阪での理事会を終え、久留米に出張で来た折りの話だった。

正二郎は「工場構内を芝生によって緑化し美しい花園などを加え、働く人々の心を豊に美しくするよう明朗な環境をつくった」と『私の歩み』に書いている。

〝ガーデン〟は「ブリヂストンガーデン」と呼ばれ、およそ二千平方メートルの面積の庭には温室を備え、四季の花や植木をアパート居住者へ提供した。

久留米工場の正門周辺は、年中欠かすことのない花で来工者を〝歓迎〟する。時折取材

社員用アパートやグランドがあり、ブリヂストン通りがその中央を走っている（1961年）

に来られていた西日本新聞久留米総局長の荒木久さんは、福岡市の本社へ転任するお別れ記事コラム「田ん中　町ん中」に「セミしぐれに送られて」と題し書いておられる。

「家も職場も緑と花を欠かさないこと、ブリヂストンの創始者、石橋正二郎翁はこう言っていたと総務課長の中野政則さんが話していました。その言い伝えを守る久留米工場の芝生とフラワーガーデンの美しさは定評のあるところ」と。

田ん中町ん中

セミしぐれに送られて

　ブリヂストン久留米工場の事務所前に、アサガオの鉢が並んでいます。パレーコートから持ってきたのか、壁際にネットが張られ、ツルが勢いよくからんでいます。ネットとアサガオの花の取り合わせはモダンアートのよう。通路はごみ一つなく、朝早くここを通って仕事にいそしむ職員にすがすがしさを与える心憎いまでの装置です。

　昨年夏、久留米に転勤してきたとき、台所側のベランダに西日よけのアサガオがたくさん植わっていました。薄い紫や紅の花が次から次に咲いたものです。花好きの先輩、森山邦人さんが丹精込めていたもの。秋に葉が枯れてツルが邪魔になるので、全部引き抜いて始末して、今年はとうとうアサガオの顔を拝むことがありませんでした。それだけに、ブリヂストンのアサガオが新鮮でした。

　「家も職場も緑と花を欠かさないこと」。ブリヂストンの創始者、石橋正二郎翁は常にこう言っていた、と総務課長の中野政則さんが話していました。その言い伝えを守る久留米工場の芝生とフラワーガーデンの美しさは定評のあるところ。

◇　◇

　来年はいよいよ久留米市制百周年、世界のツツジを集めたフェスティバルが記念事業として計画されています。実はそれを見届けるのを楽しみに、開催までの間、久留米工場の例をはじめ、いろんな話題を取り上げて、〝久留米市や筑後の町々を花いっぱいに〟のキャンペーンをこの「田ん中町ん中」で繰り広げようと考えていたのですが……。

　久留米での生活はちょうど一年。ようやく各方面の方と親しくなり、これからという時の転勤はちょっと心残りです。

　しかし、この一年。われながらよく出掛け、歩き、飲み、語りあったものです。充実した一年でした。先輩が残したこの「田ん中……」を続けるために、あちこちで学び、教えられたこと多大でした。

　豊かな自然と田園に囲まれた筑後は、まさに田ん中、町ん中に活気がなければ成り立ちません。人々の暮らし、自然の営み、すべてが田と町の活力によって生み出されてくるものと信じています。

　ようやく青空がのぞく三本松公園から、去年と同じセミしぐれの大合唱が聞こえてきました。「初手はのう」と書き出したあの時とそっくりの響きです。新しい職場、本社文化部でも、初手に戻って励むつもりです。お世話になりました。

（前久留米総局長・荒木久）

西日本新聞コラム（1988年7月31日）

第五章　「25」の夢　世界へ

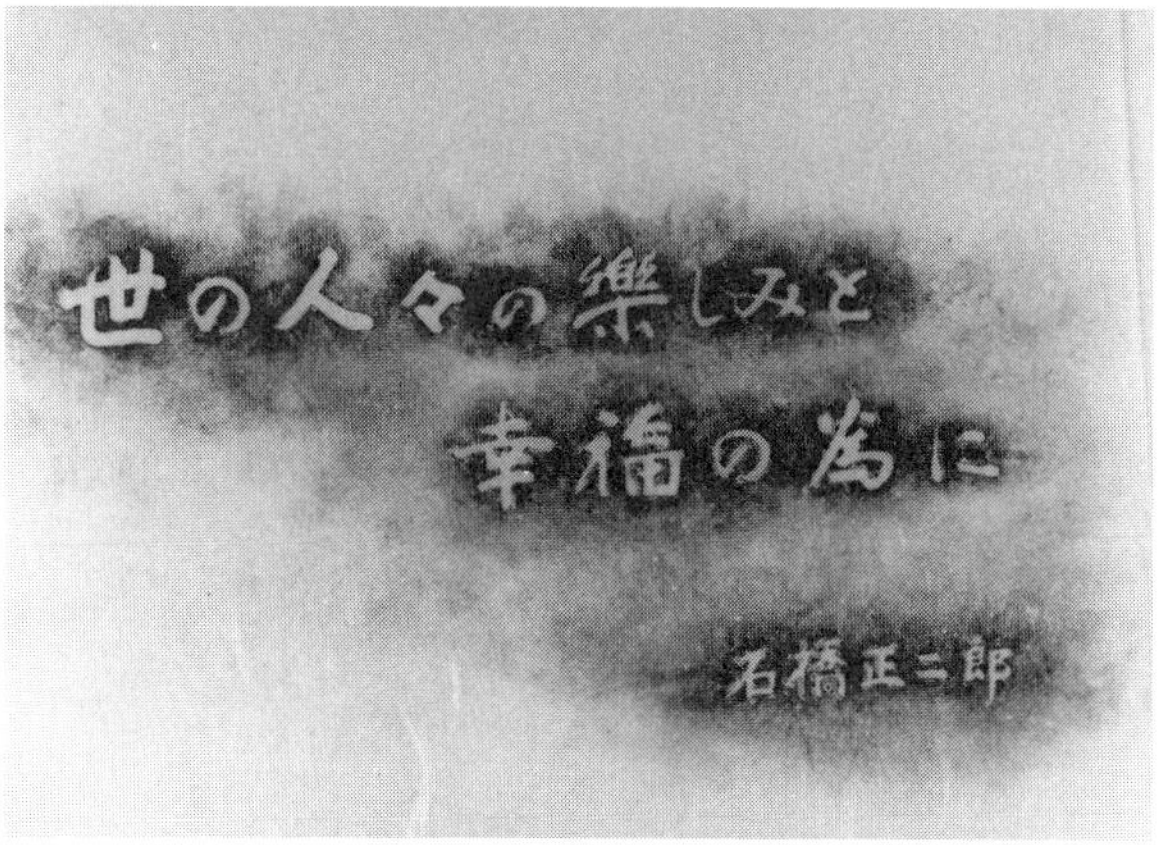

石橋正二郎の碑文

1

世の人々の楽しみと幸福の為に

「正二郎はね、何か大きな夢を描いて文化センターの構想を練っていた。この五〇メートルプールとスタンドは、文化センターの基本構想を密かに練りはじめていた当初から描かれていた。コンクリートや鉄筋などの建築資材が十分に手に入らない時代で、相当苦労して造られたのを覚えている」

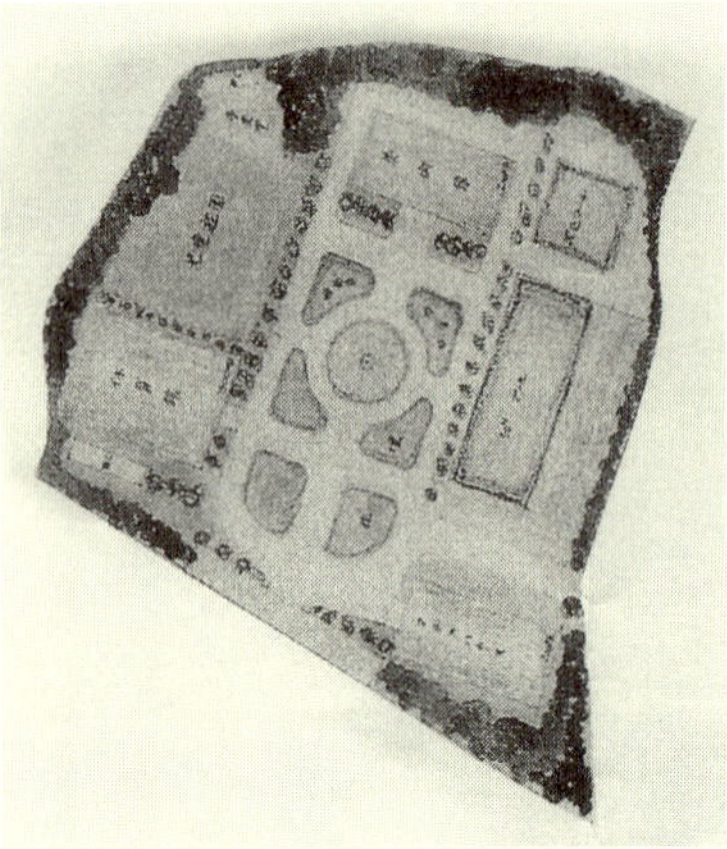

石橋文化センター基本構想図

このことを幹一郎が教えてくれたのは、一九八八年十月九日のこと。

プールスタンドが老朽化して剥がれ落ちる危険性が生じ、管理する久留米市で解体の検討がされている頃であった。やがて消えてしまうかもしれない建造物を前にして、一抹の寂しさと複雑な思いもあったのだろう。

正二郎が文化センターの建設寄贈を久留米市に申し出たのは昭和二十九（一九五四）年。

フジヤマのトビウオと呼ばれた古橋広之進が四つの

完成した石橋文化センター（1956年）

世界新記録を出した全米水上選手権大会が昭和二十四年。昭和二十七年の第十五回オリンピック・ヘルシンキ大会に戦後初参加した日本。当時の日本でプールを持つことは大変な時代であった。

正二郎自らの手で描かれた「石橋文化センター基本構想図」は今も残る。

昭和二十（一九四五）年八月十一日、久留米市は空襲を受け、一朝にして、市制以来五十有余年の歴史ある市の中心部を焼き尽くし、主な部分は焦土と化した。

終戦から十年。昭和三十一（一九五六）年四月二十五日、ブリヂストンタイヤ会社は創立二十五周年を迎えた。その記念に正二郎は「石橋文化センター」を久留米市へ寄贈した。久留米市野中町の工場跡地の敷地四万二千平方メートルには、一億二千万円の事業費で九州初の文化レクレーションセンターが開園した。石橋美術館を中心に、体育館、五〇メートルプールとスタンド、テニスコート、文化会館、野外音楽堂、遊園地、花壇、憩いの森（後に音楽ホール、日本庭園が加わる）などを備えていた。

同年四月二十六日、秩父宮妃殿下を迎え、寄贈開園式が行なわれ正二郎は挨拶で次のように述べた。

終戦の日本においては、文化国家として再建し、国民生活の向上が重要であります。申すまでもなく、人間は生まれて一生を只生きるだけで終わるのでなく、楽しく幸福に一生を過ごし、生き甲斐あることが何より大切で、これには衣食住凡《すべ》ての生活環境が必要で、これは文化発展によってもたらされるものであります。私が文化センターの正門の壁面に「世の人々の楽しみと幸福の為に」と記しております如く、この文化センターにおける高尚な美術、音楽、映画、健全なスポーツ、園芸などの施設によって、市民の皆さんの健康な趣味、娯楽の普及、青少年の体位向上、豊かさと平和と活動的な生活をもたらし、家庭的な楽しみを増し、社会生活を正しく、明るい社会をつくることを信じ、我が久留米の発展と、近代文化都市建設の一端に寄与せんことを念願して止まざるものであります。

市民挙げての開園式の行事が行なわれた。

正二郎六十七歳。市民や子供たちが満面の笑みを浮かべて飛び跳ねるのを見て、「私の長い間の念願の一つが果たされて嬉しい」と語った。

石橋文化センターの正門石壁上に刻まれた「世の人々の楽しみと幸福の為に」については『石橋

正二郎―遺稿と追想』に見ることができる。文化センター寄贈の年（一九五六年）に書かれたものである。

石橋文化センター正門の石橋正二郎夫妻

故郷の久留米市は、私が生まれた明治二十二（一八八九）年に市制となった。同年に博多・久留米間十余里に九州で初めての鉄道が開通した。当時、久留米は久留米絣の名産地として全国に知られ、日本全国の市制順位では二十九番目という優位にあった。久留米は、交通機関さえ発達すれば、九州の中央に位置し地理には恵まれている。しかし港湾と離れているから、工業上の立地条件としては特長がない。また市民の気風が地味で、進歩発展が遅く、終戦後、特に最近では他の都市にはるかに立ち遅れとなったことは残念である。私は愛郷心から、私の会社の工場を永久に発展させたい念願であり、従って、会社ばかり繁栄しても調和がとれないから、何とかして立派な久留米にしたい。他の都市と競争して、必ずしも人口の多い大都市を希望するものではないが、清潔で整然とした秩序を保ち、教養の高い、豊かで住みよい、楽しい文化都市にしたいと願うものである。

石橋文化センター正門の石碑に書かれた正二郎の言葉

私は戦後、三回欧米旅行をしたが、あちらでは人口の少ない小都市でも、都市計画が行き届いており、文化水準においても、大都市と小都市との差が少ないから、田舎の小都市でも落着いて住みよいであろうと感じたのである。久留米は、青年が希望をもって、落ち着いて仕事に励むことが出来る。人間は、生活環境の良いことによって幸福を感ずるものである。

昭和三十一年は、ブリヂストンタイヤの創立二十五周年に当たるので、記念事業として、かねてから考えていた文化センターの建設を実現したいと思い、数年前からひそかに予定地の買い入れに着手していた。昭和二十九年には、この計画を正式に久留米市に申し入れ、同時に周囲の土地買い入れについては、地元の協力が得られ、面積一万余坪に達する見通しがついたので、工事に着手したのである。ここは将来、久留米市発展の重要地点となる見通しのもとに選定したのであるが、当時は、工場の跡地で耕作にも適せず、他にも利用し難い廃墟のような荒廃した低地であった。

文化センターの構想としては、美術、スポーツ、音楽の三分野を備え、公園として美しい景観を備えたものとした。私の設計であるが、音楽堂を建設する予定である。

私の目的を更に要約するならば、センターの正面入り口に書いた「世の人々の楽しみと幸福の為に」という言葉に尽きると思う。

ふるさとが楽しい文化都市になることを願い「経済と文化は並行に」という正二郎の信念に貫かれたものだった。

2 よいことは黙って

「正二郎はね、『誰にも言うな。いいことをする時は黙ってやって、みんなをびっくりさせ、喜んでもらおう』ということで誰にも話さなかった」

文化センターの構想から久留米市へ寄贈の申し入れをするまで、誰一人として正二郎の計画を知らなかったと、幹一郎が話してくれた。

昭和二十九（一九五四）年十月一日の市民向け広報誌「市政くるめ」二十一号は次のように伝えている。

夢の実現！　総合文化センター　石橋BSタイヤ社長が寄贈
緑の森にプールや美術館　来年中には完成

夢のような総合文化センターが本市野中町に造られるという嬉しい話題でこのところ街々は賑わっております。これは、BSタイヤ社長石橋正二郎氏が、郷土久留米に総額一億円の私財を投じ、美術館、音楽堂、噴水池、体育館、五〇メートル競泳プールと飛び込みプールなど全国でも珍しいアメリカ式の公園をかねた総合文化センターを建設して贈ろうと、去る九月二十一日、市長に申し入れを行なわれて以来のことです。

石橋社長の構想によれば「五年前欧米各国を視察した際、どんな小都市にも目の覚めるような芝生と花園と森を持った公園があり、その中には白亜の殿堂が並んで若い青少年が健康的に楽しんでいる雰囲気に打たれ、故郷にもそのような公園を兼ねた総合文化センターを造れば…」と雄大な着想から「文化と、次代を背負う若い人たちの精神を創造する殿堂、体育とレクレーションを兼ねたスポーツの殿堂を贈りたかった」と希望まで述べられた。

来る昭和三十一年がBSタイヤの創立二十五周年にあたるので、三十年内にこれを実現し、三十一年の春、市に贈呈しようと確約されました。

文化センターが造られた時の航空写真では、周りにはまだビルもなく、家よりも田畑が多く見られる。市民が石橋文化センターを見て驚いたのがよく分かる。西日本各地からも注目され、開園から一ヶ月間で入場者数は六万人を突破する「観光名所」となった。

なかでも、石橋美術館の人気はすさまじかった。四月二十六日のオープンと同時に始まった開館記念展では、青木繁、坂本繁二郎はじめ、黒田清輝、藤島武二など九州出身の画家だけでなく、マネ、モネ、ピカソなど有名画家の作品など約百点が展示された。
「開催期間を一ヶ月延長した。九万一千人が入場し、久留米市の人口が十四万人（当時）だったことからみていかに美術館の開館が待ち望まれていたかを物語っている」（石橋財団三十周年史）
当時の様子を、五十年の時が経った二〇〇六年六月二十七日の西日本新聞コラム「春秋」は語っている。

石橋美術館の入館を待つ人々（1956年）

「もはや戦後ではない」が流行語となったのは昭和三十一（一九五六）年。ちょうど五十年前のことだ。白黒テレビ、洗濯機、冷蔵庫が「三種の神器」と呼ばれ、世間は「神武景気」に沸いていた。戦後の一時期のように混乱、貧しさから総じて脱し、人々の気持ちにも少しばかりのゆとりが芽生え始めた頃でもあった。▼そんな半世紀前の四月、福岡県久留米市の石橋文化センター内に開館した石橋美術館には、その年だけで十六万人の人が入場している。当時の久留米市の人口は十四万人だった。近代絵画コレクションに列をなした人たちの心のときめきが目に浮かぶようだ。▼美術館はブリヂストンの創業者石橋正二郎氏（一八八九～一九七六）が建設し、久留米市に寄贈した。久留米の仕立物屋に生まれ、久留米で自動車タイヤ製造を興した石橋氏の、古里への思いを感じる。▼氏が戦後に手がけたコレクションは、美術館と同じ年に創設された石橋財団が継ぎ、今では、二千四百点を超す。東京の本社ビル内に開館したブリヂストン美術館と分けて収蔵してきた。（後略）

石橋文化センターの寄贈を終えた正二郎は「晴の諸行事を済ませて」と題し『石心』に次のように残している。

石橋文化センター開園の日の秩父宮妃殿下（中央）と石橋正二郎（左）、杉本勝次久留米市長（右）（1956年）

文化センターの寄贈式を終えて、ご臨席の秩父宮妃殿下から石橋さんの感想は如何ですかとお尋ねになりました。

私は四人の娘を嫁にやりました経験から、今の感想は、ちょうど娘を嫁入りさせた直後の気持ちと同じく、嬉しいやら、楽しいやら、いろいろの錯綜した思いでいっぱいであります、と答えました。

式を挙げる日の朝まで、力の及ぶ限り、ああもしたい、こうもしてやりたいと、心を千々に仕度を整えました。嫁にやった後のことまでいつまでも夫婦仲の睦まじいことを願い、愛情の変わらないことを祈り、幸福な結婚生活、円満な家庭が永く続くようにと念願する親心の気持ちは又格別なものがあります。

幸い嫁入り先の久留米市長杉本さんは、文化人であり、十四万市民の方々が非常に喜んでくださっているので、私はすっかり安心しました。

石橋文化センターが開園から十周年を迎えた昭和四十一（一九六六）年、久留米市民として正二郎に感謝を表したいという声がおきた。贈られたのは、市民が寄附を募り集めた浄財を充てた横文字の「感謝のことば」と刻んだ銀製の楯であった。十周年記念式典の日、正二郎に贈呈された。当時定着していなかった「久留米市民」の名が使われていた。正二郎は「感謝にたえない」と『回想記』に記している。

昭和三十一年、開園の日、夢の施設に市民の笑顔が園内を埋め、以来五十六年、数々の催しが開催されてきた。その後音楽ホールの石橋文化ホールが寄贈され、石橋文化センターは文字通り久留米文化の中心であり発信基地となった。久留米といえば文化センターとすぐ口を突いて出てくるものとなった。二千五百万人の人々が足を運び、市民の宝として夢を育みながら市民と共に歩んできた歴史といえる。

3

プールスタンドに描く二千名の人文字

ブリヂストン久留米工場事務棟二階の「社長室」に、「BS25」の人文字の写真が飾られていた。大きさは畳一枚ほどの大きさだった。中央の噴水池に建つ山本豊市《とよいち》の力作「三姿」。三羽のペリカン像は、やわらかい曲線をつくり、巨大なスタンドに描かれた「BS25」の人文字は、大空に向かう明日への広がりを感じさせる。太陽の光を浴び立ち昇る噴水は清涼感に溢れる。

その写真の前で、「噴水をよーく見てごらん」と幹一郎。

「落ちている噴水の下の部分が切れているでしょう」

そう言われてみると、落ちる噴水の下の部分の飛沫《しぶき》が消えている。説明を聞かない限り誰も気がつかない「名作」である。

「なぜそうなっているのか」幹一郎は撮影された日のことを話してくれた。幹一郎の秘話をメモにとり、早速ワープロで打ち写真の裏に貼付した。『撮影は大牟田市の町田定明さん。町田さんは高さ一〇メートルの櫓《やぐら》を組み撮影台とし、カメラを吊し上げた。当時百万円をかけた大がかりな撮影であった。写真が大きいサイズであるため水洗い容器も特製のものを作った』というものだった。

プールスタンドに描かれた「BS25」の人文字

　ブリヂストンタイヤが創業二十五周年を迎える日、久留米工場従業員二千名が祝賀の市中パレードを行なう。文化センターに到着後、プールスタンドに「BS25」の人文字を描く。これは正二郎の創業二十五周年記念の日の並々ならぬ思いだったという。

　その人文字の写真を撮影するに当たって、三羽のペリカン像の噴水が入ってこそ値打ちがある、と撮影者の町田さんが提案した。「プールスタンドの二千名一人ひとりの顔が鮮明にわかるように、ピントを合わせる。そうすると手前の噴水はボケてしまって何が何んだか分からない。別々に撮って、二枚の写真を組み合わせましょう」と合成写真を提案したのだという。

　プールスタンドの手前には9コースの五〇メートルプールがあり、プールスタンドの最上段から噴水まではおよそ九〇メートルの距離がある。いかに優れたカメラといえ遠近のピントはズレる。三羽のペリカン像のピントが合い過ぎて不自然にならないよう、少しぼかして撮影した写真と二千名の「ＢＳ25」の人文字写真を、ペリカンプールの外周の線に沿って継ぎ合わせたのがこの写真なのだそうである。

この写真が撮影され五十数年が経った二〇一〇年、撮影者の町田定明さんを知る久留米の写真家、井口益次さんを通して、撮影当時のことを知ることができた。

社長室に飾られていた「BS25」の人文字写真

井口さんは、ブリヂストンカンツリー倶楽部会報誌の表紙写真を長年担当しておられ、幹一郎もその出来栄えを高く評価していた。町田さんは他界され、助手をつとめた町田さんの娘婿《じょせい》の久野《くの》脩《おさむ》さんに話を伺った。

撮影は町田さん、久野さんともう一人の助手、梶原信男さんの三名で取り組んだ。「暗箱」と呼ばれる蛇腹《じゃばら》カメラで、フィルムはガラス乾板の四つ切りサイズ（８×10インチ）を使用した。高さ一〇メートルの櫓を組み、その上でカメラを構える町田さんと、助手のふたりと連絡を取り合うのが大変だった。正二郎の「ＢＳ25」への思いが幹一郎を通してひしひしと伝わってきて、その気迫に負けない精神で取り組んだという。

五〇メートルプールの大スタンドに、二千名の従業員が一つになってつくった人文字。そのシーンを一枚の写真におさめんと、精魂を傾けた写真撮影者。「ＢＳ25」の人文字には人々の叡智が秘められていた。

4 碑に刻んだ名場面

この地は、昭和三十一年ブリヂストン創業者・石橋正二郎氏より寄贈された五〇メートル公認プールの跡地です。

三十七年の永きに亘《わた》り、数々の競技が開催され、幾多の名選手と新記録が生まれると共に、市民プールとして、多くの市民に親しまれました。よって、これを記念してこの碑を建立します。

平成七年一月十八日

久留米市

プール記念碑とスタート台

50メートル公認プールとスタンド

五〇メートルプールとスタンドはおよそ六万平方メートルの石橋文化センター西側にあって、周りをびっくりさせる巨大な構築物だった。9コース、水深一・四五メートル、夜間競技のためわが国最初の三十六基の水中照明用水銀灯を備え、選手には泳ぎやすいプールとして知られた。全国屈指の設備を誇り、当時では珍しい公認プールとして全日本級の大会が定期的に開催された。プールスタンドは十六段、三千名が収容でき、向かい側のスタンド（四段）と併せて四千名の観客を入れることができた。メルボルン五輪二〇〇メートルバタフライ銀メダリストの石本隆選手が、昭和三十二（一九五七）年六月十六日の第九回「日大対全九州対抗水泳競技大会」一〇〇メートルバタフライで世界新一分一秒五を記録。このプールの五コースから生まれた。多くのオリンピック水泳選手が活躍する舞台となった。

競技以外は専《もっぱ》ら市民プールとして利用され、久留米市民はもちろん、近隣からの多くの人で賑わった。プールスタンドは、観覧施設となり、コンサートや盆踊りなど市民のスポーツ文化のイベント行事の会場ともなった。

しかし、市民に親しまれたプールも寄る年波には勝てず長きにわたる活躍を終え、スタンドの解体から五年後の一九九三年、その勤めを全うする。一九五六年~九三年の三十七年間に入場者百三十万人（累計）を記録し、幕を閉じた。

久留米市によるプール解体が始まったのは、一九九四年のことであった。私はコースナンバーの入ったスタート台をできるだけ傷つけずに保存してもらうことを、秘かに頼んでおいた。

プール記念碑の前のスタート台で飛び込み姿を見せる
中嶋功さん、左・石橋幹一郎

プール跡地に幹一郎が建設し、久留米市に寄贈する石橋美術館別館が完成したのは、平成七（一九九五）年であった。その寄贈式にあわせ「プール記念碑」の除幕式が行なわれた。

解体作業のとき保存してもらっていた数々の新記録を生んだ5コース、4コース、そして1と9コースのスタート台は記念碑の両脇に置かれ、碑の裏面には三十七年にわたる名場面が刻まれていた。

同年一月十八日、市民代表、水泳競技関係者による記念碑除幕式が終わった後、除幕者の一人であった中嶋功へ幹一郎から声がかかった。「中嶋君、オリンピックの時のスタート姿を見せてください」中嶋はブリヂストンタイヤ入社二年目に東京オリンピック（一九六四年）出場、日本水泳界のリーダーとして活躍した人だった。同社水泳部の全日本実業団十三年連続優勝の中心選手でもあった。突然のリクエストに応えスタート台に上った〝中嶋選手〟に、百名を越える参会者から大きな拍手が贈られた。中嶋功は「石橋文化センター五〇メートルプールの思い出」の文を残している。

九州は水泳が盛んで、特に一九五〇年代後半の日本水泳界は、九州人の活躍が群を抜き、久留米は水泳のメッカであった。石橋文化センター五〇メートル公認プールがあり、毎年大学日本一（日大や早大）を迎え、全九州チームとの対抗戦や合宿練習があったからだ。私も高校九州代表、大学時代は日大チームとして参加しているうちに、このプールへの愛着が深まっていった。

私だけでなく、このプールでデビューし、オリンピックや国際大会の代表選手へと育ったものは数十名いる。このプールのスタート台に立った時、周りの風景や高いスタンドから見られている緊張感、やわらかい水質、水の掴《つか》み心地のよさは、非常に泳ぎやすい環境であった。あの潜水泳法の古川勝氏やこのプールで世界新記録を樹立したバタフライの石本隆氏、マレーローズと世紀の好レースを演じた山中毅《つよし》氏、数々の世界記録を塗りかえた竹宇治聡子（旧姓田中）氏等、世界一流選手もこのプールで泳いでいる。

解体中の50メートル公認プール

石橋正二郎氏による久留米市内小中学校へのプール寄贈も含め、このプールが地域水泳の発展のみならず、日本水泳界に果した役割と、その歴史はまさに永遠のものだろう

昭和三十四（一九五九）年、石橋文化センタープールで開催された「全日本水上選手権福岡県予選大会」の二〇〇メートル背泳ぎで、日本新記録を出した竹宇治聡子選手はこう語っている。

高校時代、先生から「来週は久留米で試合です」と告げられるとわくわくしたものです。ここで一番頑張らなくては……という試合とか、いろいろありましたが、不思議と石橋文化センターのプールの時は、その「一発頑張るぞ！」の時でした。本能的に泳ぎやすいプールと感じていたのでしょう。そして泳ぎ終わって、アイスクリームを頬張りながら歩いた石橋文化センターの光景が今でも思い出されます。花がきれいで、噴水があって、心なごむ思い出です。

一見、競技とは縁遠いように見える競技プール周辺の風景が、スイマーにとって好結果を生む要素になっているというのも面白い。

5 坂本繁二郎との出会いが石橋美術館を生む

博多での　結婚式まで　間がありし
　心待ちし　「海の幸」　に会う

姪の結婚式に参列するため九州の地へ赴いた婦人が、青木繁の代表作で重要文化財の「海の幸」を石橋美術館に訪ねる姿が描き出されている。新聞の短歌欄を飾った一首だが、遠くから訪れる人も多い。

石橋文化センターの中心施設・石橋美術館は、国宝と重要文化財計七点を含む約八四〇〇点を所蔵する。「海の幸」は郷土が生んだ画家青木繁の代表作。ほかにも坂本繁二郎の「放牧三馬」や古賀春江の「素朴な月夜」などの、日本近代洋画や書画、陶磁器、漆器などの名作が揃う。

「事業も趣味の一つであるが、他の趣味としては美術と建築と造園である」と石橋正二郎は言っている。もともと絵心があった正二郎は、久留米高等小学校の頃、絵の手ほどきを受けた坂本繁二郎に、「天才画家・青木繁の絵が散逸してしまう。集めて小さな美術館を造ってほしい」と頼まれたのがきっかけ。四十二歳の坂本がパリから帰国して久留米に戻り、石橋家の近くに住んでから交流が本格

青木繁『海の幸』

化した。その意を受けて「海の幸」など代表作を集める。やがてヨーロッパの印象派、後期印象派の画家にも関心を持ち、「自分ひとりで愛蔵するより、多くの人に鑑賞してもらい文化の進展に尽くしたい」とコレクションに力を入れた。

東京八重洲のブリヂストン美術館と久留米の石橋美術館の二つの美術館が、姉妹館としてそれらの名画を展示している。

「二人が同じ傾向の絵を集めても仕方ない、と兄が日本画、正二郎が洋画を主に収集した。日本画に比べ油絵はキャンバスいっぱいに隅から隅まで絵筆により描かれ、努力のあとがわかる。これが良い」と正二郎は洋画を中心に収集したことを講演「父、正二郎を語る」の中で幹一郎は話していた。

昭和六十二（一九八九）年に開館した「石橋美術館別館」は、幹一郎の寄贈により日本書画が公開された。

平成四（一九九二）年十月、日本経団連の方々が幹一郎の案内で東京から久留米を訪ねて来られた折、石橋美術館の中川洋館長（当時）が「うちの美術館」と題し次のように話をされた。

うちは、東京のブリヂストン美術館の姉妹館です。東京の

石橋美術館

ほうが四年先輩ですが、どちらもブリヂストンタイヤを創業した石橋正二郎さんが開設しました。

　福岡県久留米市で足袋屋をしていた正二郎さんは、独創的で先見性を持った実業家でした。最初の成功は、それまで手造りだった足袋の製造に、機械による大量生産方式を持ち込んだこと。次がゴム底の地下足袋の開発。戦前すでに車社会の到来を予見し、自動車タイヤに事業を発展させ、一代で巨額の資産を築きました。

　正二郎さんは、商売をする一方で、教育・文化の面で積極的な社会活動をしました。そのスケールの大きさは驚愕に値します。

　昭和三年に三十九歳の若さで、九州医学専門学校（現在の久留米大学）の土地建物を久留米市に寄附しています。昭和三十一年ブリヂストン創立二十五周年の年には、石橋文化センターを建設、そのすべてを市に寄附。その中心施設が、うちの美術館なのです。この年には、国際的文化活動として、イタリアのベネチアにビエンナーレ展日本館を建てて寄附。昭和四十四年には、十二億五千万円を投じて東京国立近代美術館を建設、やはり寄附しています。学校や施設などへの土地などの寄贈は数え切れません。すべて私財です。

　そのうえ、日本有数の洋画コレクターの顔を持っていました。坂本繁二郎さんに「天才画家

「うちの美術館」の話をする石橋美術館中川洋館長（中央）、右は石橋幹一郎（1992年）

青木繁の絵が散逸してしまう。集めて小さな美術館を造ってほしい」と頼まれたのがきっかけです。正二郎さんの高等小学校の絵の先生が坂本さんで、その坂本さんと青木は小学校の同級生という不思議な関係でした。正二郎さんは戦前、重要文化財に指定された「海の幸」「わだつみのいろこの宮」をはじめ、青木の代表作の多くを蒐集《しゅうしゅう》しました。また久留米出身の坂本さんと古賀春江の作品も精力的に集め、さらに九州出身の黒田清輝、藤島武二らに蒐集を広げました。

もともと絵が好きな正二郎さんは、やがてヨーロッパの印象派、後期印象派の画家にも関心をもちました。戦後の一時期、海外流出しそうな名画を次々と購入しました。この西欧の名画は東京のブリヂストン美術館に、うちには、地元を中心とした日本の洋画を常設展示することになりました。

正二郎さんが収集した作品の中に日本書画類が展示されないままに残っていました。いつかは市民の皆さんへ広く見ていただこうと願っていた幹一郎さんにより「石橋美術館別館」が本館に隣接し建造され、一九八九年に開館しました。二つの美術館の所蔵作品とは趣の異なる、雪舟や上村松篁《しょうこう》などおよそ百点に及ぶ日本書画が公開されています。

美術館が安定して運営できるように、正二郎さんは基本財産を、土地建物、株を大量に寄附しました。父子二代にわたり寄附は続いており、ブリヂストンの株だけでも七千万株に達しています。その配当で、美術館の運営と寄附行為を続けることができます。

「世の人々の楽しみと幸福の為に」うちの入り口に正二郎さんの言葉が刻まれています。言葉通りに、社会奉仕に生きた人生だったと思います。

6 石橋正二郎作詞「社歌」

昭和三十一（一九五六）年、正二郎は発祥地の久留米工場で創立二十五周年記念式典を挙げた。この日のために工場敷地内に建てた「二十五周年記念ホール」が会場であった。

正二郎にとって二十五年の歳月は苦難に満ちた時期であった。しかしタイヤ産業界トップに立ち事業の成功は誰もが等しく認めるところであった。

正二郎の式辞は切々として訴えるものがあった。多くの参列者は、お座なりでないこの式辞は石橋社長自身の苦心の作であろうと思ったという。

苦心の作といえば、この日お披露目された正二郎作詞の「社歌」に驚いた人は多かった。「社歌」

について正二郎は「創立二十五周年式」と題し『私の歩み』に書いている。

この式のため、久留米工場の近代化、石橋文化センターその他の記念事業をし、また労使一体となって「社歌」と「記念歌」をつくり、新しく編成したブラスバンドの伴奏裡に二千数百名が声高らかに合唱し、また社宅児童の可愛い制服に着飾った鼓笛隊も加わって晴れの式場で演奏するなど、働く人々の士気を高めると共に深い感銘をあたえた。

●社歌
石橋正二郎・作詞　團伊玖磨・作曲

1. 世界を巡る　我等のタイヤ
世界無比なる　理想のタイヤ
科学の粋を集めたる
功は高し　おゝ　ブリヂストン
2. 我等のつとめ　我らは楽し
労使一体　国のため
捧げつくさん　この努力
功は高し　おゝ　ブリヂストン
3. あゝ永遠に　我等の幸福を
いやます　社業の繁栄と
いざ進まん　社旗の下
希望に燃ゆる　おゝ　ブリヂストン

おゝおゝお　　ブリヂストン
おゝ　ブリヂストン

●25周年記念歌
堀口大學・作詞　團伊玖磨・作曲

1. 燦たりなＢ・Ｓの二字
金色に輝う　輝うタイヤ
五大洲あまねく広く
あゝかけめぐる　あゝかけめぐる
われ等がタイヤ
2. 人の和と科学の粋と
相待ちて成りたる　成りたるタイヤ
うべなりや随一の名も
あゝ歴史あり　あゝ歴史あり
四半世紀の
3. 国の富　人類の幸
つくりなす社業を　社業を守り
労と使と希望に燃えて
あゝ栄えゆく　あゝ栄えゆく
わがブリヂストン

「社歌」は二十五周年記念に当って、永久に残すものとして計画し、昭和三十（一九五五）年六月、全社員から歌詞を募集したところ、一四二点という多数の応募があり、これから選考委員会が選んで推薦したものに私が多少手を加えたもので、労使一体の合作である。また「記念歌」はフランス文学者堀口大學氏に依頼してつくったもので、作曲は双方とも團伊玖磨氏、レコード吹き込みは藤井典明、三宅春恵両氏であった。「社歌」「記念歌」ともに永遠に愛唱されんことを願うものである。

「社歌」と「記念歌」の二曲をブリヂストン吹奏楽団久留米の記念演奏会（一九九一年）のプログラムに入れることにした私に、ふたつの曲が作られたことについて幹一郎は教えてくれた。この日の会場・石橋文化ホールには、久留米での取締役会を終えた全役員も参加して行なわれた。

「社歌」は記念式典が迫っていた二月（一九五六年）、葉山の別荘で正二郎は作り上げた。書き終えた詞を、近くに住む堀口大學に念のため見てもらうよう頼まれ、作曲の想を練っていた團伊玖磨と幹一郎は堀口宅を訪ねた。堀口は詞に感服し賛辞をおくった。その縁から正二郎は「二十五周年記念歌」を堀口へ頼むことを決めたのだという。

「社歌」は勇壮に、「記念歌」は優美なワルツのかたちで色合いを変え團は作曲した。さらに團により「社歌」をトリオの部分に取り入れた「ブリヂストン・マーチ」が作曲され、正二郎を先頭に二千名の従業員が工場から石橋文化センターまでパレードする演奏曲となった。

式典の前日までブラスバンドの指導に当たった團は隊列に加わり行進した。

式典に招かれた堀口は昭和四十六（一九七一）年、交響詩『西海ラプソディー』の作詞をするため作曲の團伊玖磨と訪れた佐世保の帰路、再び久留米を訪れた。その折に揮毫《きごう》した色紙が残されている。

「一人の力の美しさ　みんながそれに気づいたら　一人がみんなになれるのに」

石橋文化センターを寄贈した正二郎へ寄せたものだった。

フランス文学者で詩人の堀口大學は、神奈川県湘南の葉山町に終生在住した。一九七九年に文化勲章を受章。八十一年歿、享年八十九歳。

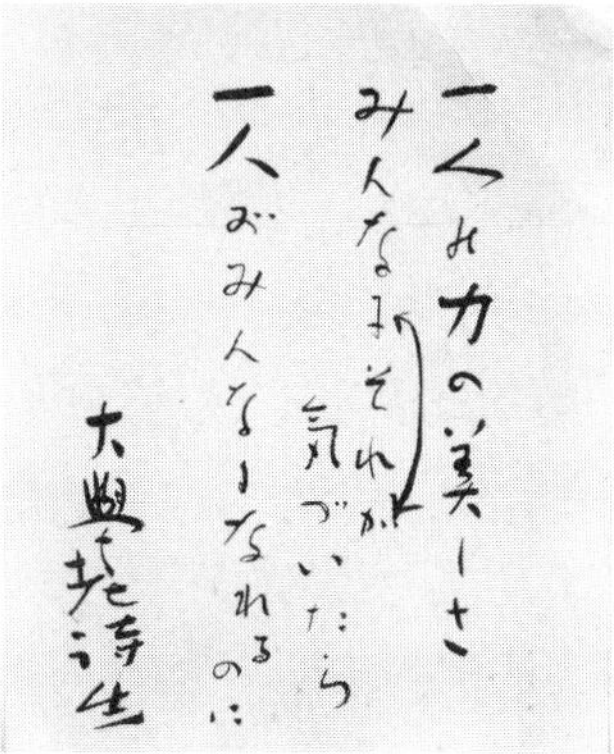

堀口大學の揮毫

平成八（一九九六）年四月二十六日。石橋文化センター四十周年記念コンサートが開かれた。市中パレードからちょうど四十年となる日、石橋文化ホールでのブリヂストン吹奏楽団久留米の指揮をとったのは、團伊玖磨であった。團は当日のプログラムに次のようなメッセージを寄せた。

石橋正二郎氏が高い理想と久留米市民への深い愛情から建設された石橋文化センター、そして自ら創設さ

ブリヂストン25周年記念パレードをするブリヂストン吹奏楽団
（1956年4月26日久留米市役所前）

れたブリヂストン吹奏楽団。この文化的な二つの贈り物が久留米市民の前にデビューした一九五六年四月二十六日。その前日まで練習の総仕上げをした僕達はブリヂストン久留米工場から、この日開園を迎える石橋文化センター迄の四キロの市内を堂々とパレードしたのでした。思えばあの感激はちょうど四十年前の今日でした。

私事を申し述べるなら、今七十一歳の僕は三十一歳、先年亡くなりました妹（石橋幹一郎氏夫人）は二十八歳の若さでした。

四十年の間には、世界に、日本に、さまざまな事がありましたが、その間に久留米で生まれた音楽の数々を、その間輝かしく生き続けた日本一のブリヂストン吹奏楽団と共に、歴史を生き抜いてきた市民の誇る殿堂―石橋文化ホールから力の限り明日へ向ってのハーモニーを歌い上げ、響かせる事を、この上ない喜びとすると共に、久留米市民の更なる発展をお祈りする次第です。

二十五周年記念事業後、正二郎は「晴の諸行事を済ませて」（「石心」）と題し、次のように書いている。

二十五周年の諸行事が無事に済んで私は非常に嬉しい。来賓に最も感動を与えたのは、秩序整然として建ち並んだ久留米工場の建物と、これに調和した緑の広場、環境を美化して楽しみながら働けるように施設した点であります。

この計画は、最近の思いつきではありません。私が二十五年前の創業当初から構想を練っていたものを、漸次《ざんじ》実行に移してきたものであります。この後も、厚生施設には一段と意を注いで、従業員の生活向上に寄与するよう万全を期するつもりであります。

私が文化センターの正門の壁に「世の人々の楽しみと幸福の為に」と記しているように、美術、音楽、映画、スポーツ、園芸など、体位の向上と高尚な趣味、娯楽の普及によって、豊かさと、平和と、活動力を与え、家族的和やかさを通じ社会生活を正純に、明るいものに引上げることができる事を私は堅く信じています。

会社の発展はいよいよこれからであります。理想の一端を今日、漸《よう》く実現したわけであります。今日の繁栄に酔い慢心してはなりません。「満つれば欠ける……おごるもの久しからず」の戒《いましめ》を深く守って、更に一層の努力に精進せねばならぬと思います。

創立25周年（1956年）を迎えた頃のブリヂストン久留米工場

戦後の混乱期を乗り越え、新しい力を持ち始めたブリヂストンが、日本国内でトップメーカーになったばかりの頃で、これを契機として大いに意欲を燃やそうというのが、「二十五周年」の正二郎の考えだった。

「正二郎はね、あの二十五周年の大事業の企画全部を、ほとんどひとりでやったんです。えらい企画マンでした」と幹一郎は話していた。

『ブリヂストンタイヤ五十年史』には「二十五周年記念事業は、すべて石橋社長自らの企画と統裁のもとに盛大に実施された」と書き残されている。当時はタイヤ工場が一つ（久留米）とタイヤ以外の工場が一つ（横浜）合計二つの工場だった。「世界を巡るわれらのタイヤ　世界無比なる理想のタイヤ」（「社歌」）、「五大洲あまねく広く」（記念歌）と「二十五周年」で歌った正二郎の夢は、現在は世界的な規模に発展している。

第六章　自画像

石橋正二郎

1

子供たちが生きいきと

「正二郎はね、戦後、筑後川で風土病が発見され水泳が禁じられたのを見て、久留米市内の小、中学校二十一校にプールを寄贈した。水泳の指導者も必要ということで会社に水泳部を発足させた。久留米はすぐそばに筑後川があり水泳は昔から盛んで、陸軍の兵舎があった国分町から行軍して筑後川へ着いた兵隊さんたちが、水泳訓練している姿を私が子供の頃見かけていた」

正二郎は、学校プールの寄贈について次のように書いている。

久留米市は町のすぐ側を九州一の筑後川が流れているので水泳は昔から盛んであった。私たちも少年時代には夏になるとこの川で水泳や舟遊びを無上のたのしみにしていたが、戦後寄生虫による風土病が発見され、水泳は固く禁じられた。こうなると、海水浴に行くには遠いし、青年の唯一のたのしみが奪われて可哀想なのと、体育上からも考え各学校にぜひ水泳プールをつくる必要がある。しかし市としては、多数のプールを一時につくるのは困難であったので、私はこの事情を察し、三十二（一九五七）年頃から進んで中学校、小学校二十一校にブリヂストンタイヤ会社で建設寄贈したところ、各校とも生徒の喜びは筆舌につくせぬほどで、数千におよぶ純真な感想文や図画などをもらい、うれしく思った。風土病のほか毎夏数名の水死者があり、父兄の心配のタネであったから、父兄の皆さんからも非常に感謝された。

（『私の歩み』）

寄贈された小学校プールの「プール開き」

川が目の前にあるのに子供たちは泳げない。心を痛めた正二郎は、小中学校にプールを寄贈し会社に水泳部を発足させた。久留米工場のおよそ二千名から、水泳を得意とする従業員が水泳部員となり子供たちの指導にあたった。当時の小中学校は、太平洋戦争で男性教師は少なくなり女性教師が大半を占めていた。現場の教師だけでは指導に不足を生じると考えてのことだった。正二郎は施設（ハード）だけでなくソフト面にも配慮していた。

ローマ、東京、メキシコのオリンピックをはじめアジア大会など、多くの国際大会に日本代表選手を送り出した「ブリヂストン水泳部」の起こりである。水泳部は日本実業団大会では、全国の強豪相手に十三年連続優勝の金字塔をたてた。その後「ブリヂストン・スイミングスクール」へと発展、地域社会はもとより日本水泳界の発展に貢献している。

風土病の寄生虫、日本住血吸虫（中間宿主・ミヤイリガイ）撲滅には、米軍医学総合研究所寄生虫学所長、ハンター博士などが当り、七〇年代には筑後川の寄生虫は駆除され、一九九〇年の「福岡とびうめ国体」ではボート競技会場となり、水上スキーを楽しむ若者が水しぶきを上げている。


プールの寄贈と同じ頃、正二郎は久留米市内十八校の小学校に鼓笛隊楽器を贈った。ここでも鼓笛隊指導者講習会を実施し、学校現場での指導普及につとめた。鼓笛隊は、全校集会や体育会などの学校行事で成果を挙げ、昭和三十七（一九六二）年には全小学校の鼓笛隊が一堂に会し、鼓笛隊発表会を市内の小頭町《こがしらまち》公園で行なった。

福岡教育大学学長で九州交響楽団（九響）の常任指揮者でもあった安永武一郎は、正二郎と直接話をしたときのことを交じえ、「プールと鼓笛隊」について次のように書き残している。（石橋正二郎顕彰会会報誌・一九九六年）

石橋正二郎さんの寄贈による「石橋文化ホール」が一九六三年に完成し、この柿落《こけらお》としを九州交響楽団でやってくれ、と言われまして喜んでお引き受けいたしました。演奏が終わり、正二郎ご夫妻に食事に招待されたのです。よもやま話の中で私がひどく感動したのは、正二郎氏がこんな話をなさったのです。

「昔ヨーロッパに行ったとき、オランダの飛行場に着いたら、沢山の子供達が真っ赤な帽子を

子供たちの鼓笛隊演奏に拍手をおくる正二郎（中央）

かぶり真っ赤な洋服を着て、全員手に笛を持ったり小太鼓を持ってにぎやかな様相だ。何があるのだろうと思っていたら、やがて女王陛下が飛行機から降りてこられた。子供達が先生の指揮で一斉に鼓笛隊の演奏を始めた。女王陛下はニコニコして子供達に手を振ってらっしゃる。それも多数の子供達皆にである。私はそれを見て大きな感動を覚え、よし故郷の久留米の子供達をこんな温かい心の子供になって欲しいと決意して、久留米の全小学校に鼓笛隊の楽器を贈ったのですよ」と。

私は正二郎氏が静かに語られる大きな夢を、涙ぐむ思いで聞いたのです。横で奥様もニコニコしてお聞きになっている。久留米の小・中学校にプールも寄附なさった。音楽で心を育て、プールで体を鍛えなさいと無言の教育を正二郎氏はなさっている。

紀元前四世紀にギリシャの大哲学者のアリストテレスとアリストクセネスの師弟で書いた「ラ・パブリスカ」（理想国家）という本の中に、「神が人間に与え給うた分野、それは音楽と体育である。音楽のみを知れば柔弱になり、体育にのみ走れば粗野になる。この二つを適当な方法でまぜて教育してこそ、理想的な国家を作り得る」と書いてある。

正二郎氏がこのことをご存知であったとすれば大変な学者といえるでしょう。それは、当時「ラ・パブリスカ」を読む人達といえば、哲学か教育心理学を研究している学者達に限られていたといっても過言ではないからです。もしも正二郎氏が「ラ・パブリスカ」を読まないのに、音楽（鼓笛隊）と体育（プール）を重視して、正二郎氏自身の人間観・教育観でこの結果を作ったとすれば、それこそ世界の大哲学者のアリストテレスやアリストクセネスに匹敵する哲学の素質を持った大人物（もちろん事業では大人物ではありますが）といっても良いと思う。

正二郎は昭和二十八（一九五三）年三月欧米視察。大戦後の政治、住宅問題にも深い関心をもってオランダを訪れている。その折、オランダ国王妃と子供たちの微笑ましい光景に遭遇していた。

2 東郷元帥への敬慕

幹一郎は「東郷元帥銅像」のことをたびたび話してくれた。銅像は横須賀市三笠公園にある記念艦「三笠」の前に建つ。建立されたのは、昭和四十二（一九六七）年。

「昭和四十一、四十二年の二年にわたり財団法人・三笠保存会へ銅像建設のための千五百万円寄附」（石橋財団三十周年史）。正二郎と二代にわたり係わってこられたようだ。

「修学旅行や若い人もたくさん訪れるところで、写真撮影の時、銅像の顔が太陽の陰にならないよう立ち位置を考慮した。三笠が皇居の方向に艦首を向けているのに対し、銅像はお尻を向ける格好になってしまう。お尻を向けるなど不遜という声もあったが、この頃は最適の撮影スポットだとほめられるようになったよ」と笑顔で話される。

「三笠」を背に立つ東郷元帥銅像（横須賀市三笠公園）

何度かこの地を訪れたが、真南に向かって立つ銅像の顔面が陰になることはない。多くの観光客が「三笠」を背にして立つ銅像にカメラを向けている。

「三笠」は日露戦争中、東郷平八郎元帥が指揮した連合艦隊の旗艦であり、日本海海戦（一九〇五年）でロシアのバルチック艦隊を打ち破って主役となった。しかし、大正十一（一九二二）年のワシントン軍縮会議で廃艦となり、戦艦としての任務を終えた。再び戦列に復帰できない形で保存することを条件として、記念艦にすることが軍事専門委員会の満場一致で認められた。

大正十五年、三笠は艦首を皇居に向けて海岸に固定された。以来、記念艦「三笠」と呼称されている。三〇センチ主砲、司令長官の東郷平八郎や参謀の秋山真之らがいた艦橋などが人気で、最近は特に入場者が多いという。艦内に展示された資料からは、旅順港閉塞作戦《りょじゅんこうへいそく》、黄海海戦、日本海海戦と、連合艦隊の航跡がよくわかる。

正二郎は「感銘を受けた人」としてまず「東郷元帥」を挙げる。正二郎の価値の反映が尊敬する人になることはいうまでもない。東郷平八郎（一八四七〜一九三四）との〝出会い〟は、十六歳の正二郎が遠雷のように響く海戦の砲声を久留米で聞いたことから始まる。

明治三十八（一九〇五）年五月二十七、八日、日露戦争（一九〇四〜〇五）の日本海海戦において、東郷の日本軍は三十八隻からなる強大なバルチック艦隊を撃滅し、勝利へ導いた。連合艦隊司令長官として〝皇国の興廃この一戦にあり、各員一層奮励努力せよ〟とZ信号旗を揚げて日本将兵を激励した話は有名である。

十六歳の時であったから感銘は深いものであったろう。新聞号外を見て大戦果に歓喜した。

正二郎は記す。

「沈黙寡言《かげん》、名利に恬淡《てんたん》として政治に関与せず、至誠をもって国に仕え、困難に際しては超凧の大決断によって国を救い、しかも、功を誇ることがない。日本人の模範であり、大恩人」

東郷への追慕と敬仰の気持ちを述べる。崇高な人格に深い尊敬の念を持ち、昭和八（一九三三）年三月には、当時中学生であった幹一郎を連れて東京・原宿の東郷宅を訪ねている。その時のことを幹一郎は語っていた。

「狭い質素な、寒い日本間の中いっぱいに応接セットが置かれ、そこへ猫背で白髪、白ひげの小さな老人が、これも質素な綿入れの着物を着て入ってこられ、あまりに小柄で控えめの老人であったので、子供心にも目を疑った。当時ゴム履物で成功し、自動車タイヤの国産化という難事業に取り組んでいた正二郎の説明を、静かに興味深そうに色々質問を入れながら聴きいっておられた」

「九州の実業家がわざわざ訪ねて来られ、私こそ光栄に思います」という謙虚で痛みいるような挨拶を受け、正二郎は感銘を深くした。

その翌年、東郷はこの世を去る。

東郷平八郎（1847－1934）

東郷没後、久留米出身で元帥の崇拝者であった実業家の小倉敬止が、郷土の人々と共に記念し、かつ子弟の教育資料とするために東郷元帥の書斎を譲り受け、大正十五（一九三六）年久留米市に寄贈した。しかし年月が経るにつれて腐朽がひどく、これを見かねた正二郎は、昭和三十五（一九六〇）年、篠山城址への有馬記念館を寄贈するにあたり、元帥の書斎も移築復元し、後世の人々に元帥の遺徳と小倉翁の遺志を示した。有馬記念館は郷土資料の陳列保存の施設として寄贈するものであった。

「自強不息」の東郷元帥の色紙額を身近なところに掲げた幹一郎も正二郎同様、尊敬する人物にあげていた。「何事にも謙虚に、決しておごらず、常に自らを世のために磨いて、世に尽くすという元帥の人生観に触れ、『一生不忘』の感激だった。今思えば、この時の感動が自分の海軍志望への伏線になっていたのかもしれない」と語っていた。

3 教会を思わせる千榮禅寺

「このお寺、教会?」

「禅寺には見えないねェー」

はじめて千榮禅寺を訪れる若い人たちは、その風貌に驚きこの言葉を発する。

正二郎の菩提寺・千榮禅寺は、西鉄久留米駅から徒歩十分、十七の寺々が立ち並ぶ久留米市寺町にある。

長い土塀を連ねた寺町の通りは城下町の風情を残す。慶長の頃、篠山城の防護計画のために寺々を配置した領主・田中忠政を継いで入城した有馬初代の藩主豊氏は、ここを緊急時の徴兵屯所《ちょうへいとんしょ》とした。

それから四百年後の今は、この地で働き、この地で亡くなった霊魂幾万千の安らいの浄土となっている。寺の門前にはそれぞれの郷土に光を残して逝った故人の名を刻んだ標石が立っている。

明治維新、勤王の先駆者・高山彦九郎、青木繁や坂本繁二郎の師・洋画家の森三美、久留米絣《かすり》の始祖・井上伝、洋画家・古賀春江、久留米つつじの始祖・坂本元蔵。

千榮禅寺外観

千榮禅寺住職の江越博道は話す。

「正二郎翁と当寺が特に深いご縁を結ばせていただきましたのは、昭和のはじめ、二十四世の活道和尚の時です。私自身は翁の生前に二度ほどご挨拶をさせていただいただけでありますが、現在の霊園のような区画を八十年前に実行されたという先見性、また、区画整理に見られる合理性に、正二郎翁のご性格を垣間見る思いがします」

昭和七（一九三二）年、正二郎の寄進により千榮禅寺の墓地の区画整理が行なわれ、石橋家の墓地も現在地に建立された。

昭和三十二（一九五七）年、正二郎は老朽化が進んだ本堂、庫裏《くり》を全面改築し寄進した。

「年老いてくると正座は億劫になり足が遠のく。椅子は気楽に座り説教の話も良く聴けるだろう」

ステンドガラス風の窓を通した光は、五色の輝きとなっ

教会のような千榮禅寺の内部

て本堂内部に降り注ぐ。椅子が配置された本堂。洋風の雰囲気と外観から、正二郎の合理性と独創性を感じる。

江越住職は続ける。

「よいことをして忘れること、という言葉があります。人はよいことをすると、した方はよいことをした、という優越感に捉われる。された方はよいことをしていただいた、という事に捉われ、卑屈になったり致しますが、禅ではその捉われから自らを解放していく生き方を理想とします。よいことをして忘れること、よいことをして、よいことをしたことに捉われない生き方を実践されたのが正二郎翁その人ではなかったか、これこそ無私の精神の実践そのものであるように思います」


昭和五十七（一九八二）年には幹一郎により本堂に隣接する座禅堂が寄進された。

正二郎の命日の九月十一日には、久留米市民有志による墓前祭がここ千榮禅寺で行なわれている

4

本を書くきっかけ　高額所得者日本一

正二郎の自伝には『私の歩み』、『回想記』そして『我が人生の回想』の三冊があるが、いずれも市販本ではない。

さらに『私の歩み』は、同題名でふたつある。最初に書かれた本は「一九六二年夏、軽井沢にて」と付記された「序」から始まる。

序

私は三年前、七十歳を過ぎた頃から、私の歩いた道を書きたい気持ちでおりましたが、何分にも多忙のため、今日までその機会がありませんでした。

ところが昨年、日本一の高額所得者になったとき、特に想像や推測でいろいろ取沙汰されたのがそのまま事実のようになる恐れもありますので、私は、家族とか、事業のために忠実に苦楽をともにした人びとや、また公私共に温かい庇護を賜った親しい方々に、深い感謝の気持ちでいよいよ書くことに致しました。

『私の歩み』出版記念祝賀会（1963年、石橋文化ホール）

この『私の歩み』が表紙、本文とも縦書きであるのに対し、六年後に出版した『私の歩み』は横書きへ、四三二頁だった頁数も二五五頁へと簡素になり、次の出だしから始まる。

私は六年前、『私の歩み』と題して本にしました。これは子孫や従業員などに知らせるという考えで書き残したもので、今回、知人や一般の人にもわかりやすいように書き改めました。私が生まれたのは一八八九年、明治の中期で、わが国は文明開花が謳歌される頃でした。それから八十年余りの間に、開闢《かいびゃく》以来の大変遷と共に驚異的の進歩発展をしたので、『私の歩み』など物の数ではありませんが、皆さんにいささかでも知っていただければ望外のよろこびと思います。

一九六八年秋

『私の歩み』に続く『回想記』（一九七〇年）には、「八年前に『私の歩み』と題して出版したが、内容が枝葉にわたったので今回これを書き改めた」と記されている。文章は極限といえるほど語句を削ぎ落としている。

第三の自伝『我が人生の回想』には、幹一郎のあとがきがある。

『我が人生の回想』は病床にあった正二郎が、自らの最後の緻密な点検をし脱稿した。昭和五十一年九月十一日死去する直前でした。

父は生来、文章は簡潔明瞭であることを旨としていましたから、自伝は心行くまで簡明に書かれました。読む人によって分かりにくいところがあるかもしれませんが、父の性格が自筆によって忌憚《きたん》なく表現されていることと理解し、その性格を読み取っていただければ幸いでありますᵒ 旅行記、訪問記などは正二郎がその折に何をなし、何を感じていたかの生の資料として読んでいただきたいと思います。

最後の自伝となった『我が人生の回想』では、何回も入念な推敲が続き、そのたびごとに文章が短くなり、側の者が「理解されにくいのではないか」と言っても「簡単な方がよい、短い方が分かりやすかろう」とあくまで簡潔をめざし、冗長を避けた。

簡潔にして要、無駄を嫌った正二郎の文章は簡潔明瞭である。しかしながら、その一字、一句、一行が読む人によっては、大きな広がりと深さを持って迫ってくる。まるで禅寺の茶室の掛け軸と一輪の花のように。

久留米市立中央図書館を訪ねてみると、これらの自著のほかに「石橋正二郎の本」が幹一郎の本と並んで書棚を飾っている。

タイトル	著者	発行所	発行年
水明荘夜話	佐野朝雄（編）	鱒書房	1944
花形18名士が語る　私のハリキリ健康法	石橋正二郎　他	機械社	1955
人生問答	石橋正二郎	機械社	1957
若い人々に（講演記録）	石橋正二郎	久留米教育クラブ	1959
私の歩み	石橋正二郎	石橋正二郎	1962
私の歩み	石橋正二郎	石橋正二郎	1968
理想と独創　世の人々の幸せのために	ダイヤモンド社	ダイヤモンド社	1965
回想記	石橋正二郎	石橋正二郎	1970
事業に生きる	石橋正二郎・斉藤栄三郎（共著）	潮文社	1970
雲は遥かに	石橋正二郎	読売新聞社	1971
石橋正二郎	石橋正二郎伝刊行委員会	ブリヂストンタイヤ	1978
石橋正二郎遺稿と追想	石橋正二郎伝刊行委員会	ブリヂストンタイヤ	1978
創業者・石橋正二郎	小島直記	新潮社	1986
我が人生の回想	石橋正二郎	ブリヂストン	1989

私の履歴書　８	日本経済新聞社	日本経済新聞社	１９９２
コレクター石橋正二郎	ブリヂストン美術館	石橋財団	２００２
ブリヂストン創業者　石橋正二郎物語	田中敬子	郷土の先人・副読本編集委員会	２００４
コレクター石橋正二郎（増補改訂版）	ブリヂストン美術館	石橋財団	２００４
情熱の足あと	西日本新聞社久留米総局	西日本新聞社	２００９
ブリヂストン　石橋正二郎伝	林　洋海	現代書館	２００９
名誉市民石橋正二郎	石橋正二郎生誕１２０年記念事業実行委員会		２００９
石橋幹一郎の本			
秋草記（石橋昌子追悼集）	石橋幹一郎	石橋幹一郎	１９５４
トップのためのＴＱＣ	朝香哲一・石橋幹一郎・清水祥一（共著）	日本規格協会	１９８３
石橋幹一郎写真集	石橋幹一郎	光村印刷	１９９２
石橋幹一郎　想い出	石橋幹一郎追悼集刊行委員会	石橋幹一郎追悼集刊行委員会	１９９９
石橋幹一郎　素顔	石橋幹一郎追悼集刊行委員会	石橋幹一郎追悼集刊行委員会	１９９９

5
シンガポールの夜空に響く「出船の港」

「正二郎はね、水明荘の庭を散歩しながらうしろに両手を組んで、鼻歌まじりにドーンとドンとドンと、と口ずさんでいた。歯切れがよく調子のいい『出船の港』と『波浮《はぶ》の港』のようなしみじみとした歌も好きで、藤原義江のレコードをよく聴いていた。ただ残念ながら音痴で、しばしば音程がはずれていた。しかし大人物と言うべきか、全く意に介せず歌っていた」

幹一郎は笑顔で話してくれた。水明荘でのことだった。

正二郎が五、六歳の頃、米一升が十銭になって大騒ぎとなり、「米が十銭すりゃヤッコラサノサ……」という歌がはやった。同じ頃にエジソンの発明した蝋管《ろうかん》の蓄音機が初めて久留米に来たので、正二郎はゴム管を耳に差し込んで聴いたという。国産初の蓄音機をコロンビアの前身、日本蓄音器商会が発売したのが明治四十三（一九一〇）年で、二〇一〇年は百年になる。正二郎はレコードで「カチューシャのうた」や「船頭小唄」のような情感溢れる歌も聴いていたそうだ。

「出船の港」は「昭和の名曲」と銘打った放送番組の中でよく歌われる。時雨音羽《しぐれおとわ》作詞、中山晋平作曲によるもので、昭和の始めにつくられた。歌うのは決まって藤原義江である。藤原は、明治三十一（一八九八）年に生まれ、二十歳の時戸山英次郎の名で浅草オペラにデビュー。美声と謳《うた》われ二十二歳の時イタリアに留学、欧米各国で演奏活動を行なった日本の国際的音楽家の草分けである。昭和九（一九三四）年には藤原歌劇団を設立したわが国のオペラ運動の先達。正二郎が地下足袋の成功からタイヤの国産化を目指していた昭和五、六年頃は「我らのテナー」との異名をとった国民的歌手だった。

出船の港

ドーンとドンとドンと／波乗り越えて／いっちょ二ちょ三ちょ／八ちょろでとばしゃ
サッとあがった鯨の潮の／潮のあちらで／朝日はおどる

エーッサエッサエッサ／おしきる腕は／みごとくろがね／そのくろがねは
波はためそと／ドンとつきあたる／ドンとドーンとドーンと／ドンとつきあたる

風に帆綱を／きりりとしめて／舵をまわせば／舳先はおどる
おどる舳先に身を投げかけりゃ／夢は出船の／港へもどる

「正二郎はね、この歌をシンガポール工場の開所式が終わった後、社員を慰労するパーティーで歌ったそうだよ。戦後初めての海外工場のスタートということで、正二郎さんは、とびっきり嬉し

石橋正二郎生誕百年祭で「出船の港」の歌を聞く幹一郎（右・後姿）

かったんだろうね」

昭和四十（一九六五）年四月三日の開所式。終戦により海外資産の一切合切を失った正二郎が戦後初の海外工場、海外戦略のはしりとして手がけたシンガポール工場が完成した日だった。日本人駐在員を慰労するパーティーで正二郎はお気に入りの歌を勢いよく歌ったという。当時、社長の幹一郎は正二郎会長の海外出張の留守を守って東京にいた。

「大変厳しい性格であったが同時に優しい性格でもあった正二郎は、事業の面で厳しさを出しながらも、一面くつろぎというものを味わっていたのではないかと思う」と幹一郎は言う。なかでも蓄音機は身近な愛用品で、後には歌謡曲を聴くこともあったという。

平成元（一九八九）年六月十三日、久留米の石橋文化ホールで、「石橋正二郎生誕百年祭」が久留米市民の手で開かれた。正二郎を偲ぶ歌として「出船の港」と「波浮の港」の二曲が地元の声楽家木村清吾さんと川口雪子さんによって歌唱された。

この日「父・正二郎を語る」の題で講演した幹一郎は、客席で静かに耳を傾けていた。

「出船の港」は勇壮な船頭さんの心意気を力強く歌い、伴奏はいかにも、櫓《ろ》で波を乗り越えている。シンガポールの夜空に響いた正二郎の歌は歌詞そのまま正二郎の心意気をあらわしたものだったのだろう。

6 高さ久留米一の山のてっぺん

「正二郎はね、水明荘の書斎から高良山《こうらさん》の頂を眺めながら、いつかは必ずあの山を越えようという意気があったんじゃないだろうか」と幹一郎は話してくれた。

久留米市の東部に位置する高良山は、三一二メートルの山で久留米では一番高い山である。頂からは、九州最大の平野、筑後平野と筑後川を一望に見渡せる。その高良山の中腹に水明荘はある。

正二郎は、『私の歩み』に「事業も趣味の一つであるが、他の趣味としては美術と建築と造園である。私は庭造りの技術は知らない。ただ自然の景観の美に接すると心が浄められ、余念がなく身も休まるから、なるべく身近なところに樹木を植え、石を集め、ありのままの山の姿をあらわし、造園したものが年とともに成長することに楽しみ、日常の喜びとしている」と著している。

昭和三年に高良山の中腹に土地を求めた正二郎は、十年から造園工事にかかった。高き場所を削り深き谷を埋め、山容を改めて池を掘り、渓流の水を引いて滝を落とし、杉、楓《かえで》、松、欅《けやき》、竹材などを植えて漸《ようや》く十七年に工事を終わった。建築と造園とは人間の最高の趣味であるという正二郎の主張を現実にしたものであった。

正二郎は盆栽は嫌いだった。箱庭より自然の大きな姿と豊かな色彩を好んだ。

世の中には色んな持ち味の人材が多種多様な生き方をしている。組織にはそうした豊かな彩りが必要で偉大な力を発揮する集団となり得る、と正二郎は考えていた。正二郎のものの考え方は常に地道であり、常に堅実であり、そしていざという時には果敢であった。一途の誠実と、不屈の努力を貫いた。

正二郎が色紙に書いたのは、「誠実努力」と「千紫萬紅《せんしばんこう》」だった。胸中に描いていた「千紫萬紅」は、一人ひとりの個性を重んじて組織に活かす事業発展と庭づくりのモットーとが重なったものだったのだろう。

自ら構想を練り八年の歳月を費やし、一木一草といえどもおろそかにしなかった庭園は、荘厳味と安らぎを与える風情をもっている。

昭和十八年秋、水明荘にての「序文」ではじまる正二郎の『水明荘夜話』は、軽井沢の山荘と水明荘で綴られた。

黄樹青林對小欄（欄干にもたれて見る色とりどりの林は）
最佳山紫水明閒（山紫水明処のなかで最も美しい）

頼山陽《らいさんよう》（一八三二年没）の詩の一節をとって別邸の名とした。山紫水明処は、文政五年に京都に建てた頼山陽の書斎の名である。

水明荘の二階東側に正二郎の書斎がある。

「正二郎はね、暮から正月にかけて、ここにこもって事業計画、一年の計を練ったんです。正月明けには、部厚い計画書が出来上がり会社に持参した。部厚い書類は黒表紙に黒ヒモで綴じられていた。その書類を『正二郎さんの黒表紙』と周りは呼んでいた」と幹一郎は話してくれた。

書斎の机から久留米一高い山の頂を見上げ、絶対この山と同じようにナンバー・ワンを実現するんだ、日本一のタイヤメーカーにするんだという思いがあったのだという。「正二郎さんの黒表紙」には、自らの思想を取り込み、明確な戦略が常にそこに書かれていったのだろう。

書斎の隣には応接室がある。アメリカ最大のタイヤメーカー・グッドイヤー社（GY）と技術提携交渉のため訪米（昭和二十四年）する正二郎が、重要な意志決定をした部屋、と幹一郎から聞いていた。

水明荘と同じ敷地内に洋風の二階建ての建物が一棟ある。

「昭和二十四年にGYから幹部四人が久留米を訪ねて来ることになった。久留米市内には迎えるホテルもないので急にこの家を計画した。〝外人宿舎〟ということで建築許可をもらい、工事も急で間に合わせてもらった。同じ敷地内にある第二水明荘がそれである。滞在中、何泊かしてもらったが、ＢＳはエライ会社だと思ってもらい、それで話がまとまったという、ブリヂストンとＧＹの縁結びになった家で歴史的な建物だ。その後、私たちが使わせてもらっていた。子供たちもここで育った。そういうわけで七年間私は久留米で生活したが、その半分はこの家で過ごさせてもらっ

グッドイヤー社会長リッチフィルド氏と正二郎（1949年）

水明荘の書斎から高良山の頂が望める。
ＮＨＫテレビ「戦後経済を築いた男たち」
取材中のスナップ（1995年7月10日）

水明荘を訪ねた日本経団連の方たち（1992年10月20日）

た」と幹一郎は話してくれた。

両社の技術提携後には、ＧＹ駐在員が起居する住宅が敷地内に建てられ「ＧＹ社宅」と呼ばれた。現在は敷地跡がその面影を残す。

水明荘は正二郎の思索の場であり、さまざまな歴史をつくったところである。

秋の九州の名庭園を訪ねて、日本経団連の方々が幹一郎の案内で水明荘に立ち寄られた折（一九九二年十月二十日）、説明役の私は、水明荘に宿る正二郎の心を話した。それから少し後に「ＧＹ社宅」で生まれたマクファーランド令嬢がこの地を訪れた。技術指導で来日した彼女の父親は帰国後亡くなっていた。当時ＧＹとの技術窓口で父親と親交のあった、後にブリヂストン専務をつとめた服部六郎が同行し、一日間久留米滞在中の案内役を仰せつかった。

戦後五十年の日本経済が残した遺産をどう受け継ぎ発展させていくのか。日本の戦後を駆け抜けて行った代表的な経済人の足跡をたどる「戦後経済を築いた男たち」と題するＮＨＫテレビ番組が平成七（一九九五）年放送された。

土光敏夫、桜田武、松下幸之助、出光佐三、井深大、本田宗一郎らであった。終戦記念日を前にした八月七日には「創業者・石橋正二郎」が六十分間放映された。水明荘の書斎の机から高良山の頂が撮影され、「頂を見続け頂点へと挑んだ正二郎は、タイヤ産業国内シェア五〇％の超優良企業へと育てあげた」と番組は結んだ。（一般公開されていない）

7 ナンバー・ワンをいくつ持っていますか

常にナンバー・ワンを求めながら、着実にその山を乗り越え、次の高い山を目指した正二郎。その根底には正二郎の座右の銘「誠実努力」があった。

崇高な目標を掲げ、確かな段取りで堅実に目標を実現していった正二郎の姿を、生徒たちに真摯に教え続けたのが、久留米商業高校の平田泰造校長だった。十七歳で家業の仕立物屋を継ぐ前、正二郎が学んだ学校（当時は久留米商業学校）の校長である。

生徒向け資料「先輩シリーズ」（一九八九年）に、平田校長は株式会社とらや眼鏡店会長・豊福《とよふく》力《ちから》氏を紹介している。

平田校長の紹介文から始まる。

今回は久留米経済界のリーダーとして久留米商店街の近代化に尽力されている、本校四〇回卒業の豊福力氏にご登場をお願いいたしました。豊福氏は、久留米商卒業と同時に、日本ゴム株式会社（現・アサヒコーポレーション）に入社され、大先輩の石橋正二郎氏の薫陶《くんとう》を受けられた後、壮年期に企業家として独立、久留米市内でとらや眼鏡店の事業経営に精進されてきました。

続いて豊福力氏が、卒業後辿った職歴の数々と教訓を披瀝《ひれき》した後、「石橋社長に学ぶ」と題し、日本ゴム会社の入社試験の日のことを次のように書いている。

古い話ですが、昭和十三年秋の入社面接の時の話であります。当時は石橋さん兄弟が直接面接に立ち会われていました。そのとき私に石橋正二郎社長より、「貴方はナンバー・ワンをいくつ持っていますか？」と言われ返答に困りました。そこで私は「今はありませんが一年後にはきっと三つ以上のナンバー・ワンを持つようになります」と答えましたら、ニッコリ笑われて「頑張ってください」と言われた事が今でも忘れられません。

平田校長は、正二郎が「常に一番を目指す」人生観を誰よりも強く持っていたこと、自らの目標

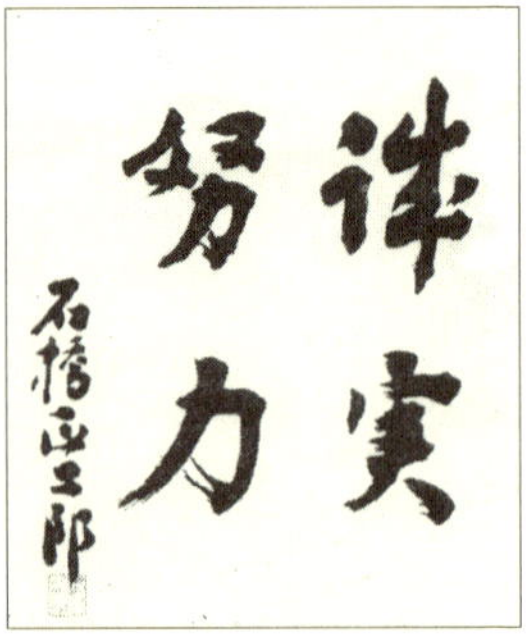

「誠実努力」正二郎の揮毫

へ向かって「誠実努力」を重ねていく姿を大切に教えている、と言う。「目標が高ければ、簡単にそこに達することはできない。失敗もするでしょう。失敗しても失敗してもくじけず努力する力が沸いてくる。頂上が見えれば、やる気も倍増して一気に登りつめることができる。ナンバー・ワンを目指すと、人間の可能性が広がる。〝一能一芸〟を求めることにもなる」と平田校長は生徒たちにエールをおくり続けた。

8 百獣の王―ライオン

「正二郎はね、プロ野球日本一になった西鉄ライオンズに、〝剥製《はくせい》のライオン〟を贈った。BSブラスバンドと一緒に〝ライオン〟も優勝パレードを祝福した」

『正二郎と吹奏楽団』の記録をまとめる時、幹一郎から教わったことだった。ナンバー・ワンを求めた正二郎が、百獣の王「ライオン」を贈る、正二郎らしい贈り物だと思いながら記録に残した。

現在の福岡ソフトバンクホークスが、福岡を本拠地にする前、福岡には西鉄ライオンズ（現・埼玉西武ライオンズ）という人気球団があった。西鉄ライオンズが「神様、仏様、稲尾《いなお》様」と呼ばれた稲尾和久投手を擁し、宿敵巨人を相手に五連投四連勝あげたのは、昭和三十三（一九五八）年。名将・三原修監督が率いた西鉄ライオンズは、一九五六年から五八年まで三年連続日本一に輝き、個性的な選手たちが活躍する〝野武士集団〟としても知られた。

西鉄ライオンズ優勝パレードの先頭を行く「剥製のライオン」

日本一になった西鉄ライオンズの優勝パレードでは、福岡天神通りを先頭で行くBSブラスバンドの後に、三原監督や稲尾投手らが沿道の声援にオープンカーから応え、正二郎が贈った「ライオン」がトラックの荷台から日本一の球団を祝福した。福岡平和台球場ではBSブラスバンドが応援演奏をした。日本で最多のバス車輌を有する西日本鉄道株式会社（西鉄）はタイヤメーカーにとっては大のお得意さまだった。

正二郎が贈った「ライオン」の話をしてほしいと、FBS福岡放送のディレクター逢坂敦之《おうさかあつゆき》さんから突然電話があったのは、平成二十一（二〇〇九）年五月だった。日曜日夜放送しているテレビ番組「ナイトシャッフル」で、「西鉄ライオンズ優勝時のライオンは今何処に？」

という企画を取り上げるという。

球団の親会社だった西鉄が、創業百年（二〇〇九年）を迎え、開催した記念写真展の中に、優勝パレードしている「ライオン」を見つけたのが取り上げるきっかけだった。逢坂さんたちが「ライオン」の居場所を掴もうとあれこれ手を尽くしている中、西鉄百周年史編纂室の吉富実事務局長からの情報で、私に電話があったのだった。吉富さんは「正二郎とライオン」の話を以前私から聞いて知っていた。

昭和二十六（一九五一）年に福岡に誕生し、日本シリーズ三連覇を果した西鉄ライオンズだったが、球団経営の親会社が代わりついに福岡を去った。それから三十五年以上が経ち、当時の関係者も数少なくなり「ライオン」の行方はわからなくなっていた。

逢坂さんは一枚の新聞記事を私に見せてくれた。

「狂喜乱舞の三塁側、応援のライオンしたり顔」の大見出しで後楽園球場の応援席に「剥製のライオン」が大きく写っている新聞（東京中日新聞朝刊・昭和三十一年十月十二日）だった。

「ライオン」の行方を探す逢坂さんが当時のテレビ録画から、西鉄ライオンズダッグアウト上に「ライオン」がドンと鎮座している姿を見つけ、更に深く事実を掴もうと探り当てたのがこの新聞だった。

後楽園球場での巨人との第二戦の西鉄ライオンズのダッグアウト上に本物そっくりの「ライオン」が登場した。「わしは百獣の王だ。ジャイアンツなんかに後《おく》れをとるものか！」と今に

狂喜乱舞の三塁側
応援の「ベルギー・ライオン」したり顔

応援にライオン登場の記事
（東京中日新聞1956年）

小平市中央図書館の「ライオン」

も噛みつかんというポーズ。この「ライオン」は某タイヤ会社の社長さん所有のもので、今日は是が非でも巨人を倒すんだと引っ張り出された。

新聞の「ライオン」は、優勝パレードの「ライオン」と同じものだった。

取材後、私は東京・小平市の中央図書館に「別の一対のライオン」がいることを教えた。

ブリヂストンの技術センターや東京工場がある小平市が、新しく建てる図書館に「ライオン」を置こうと思いついた時、ブリヂストンから寄贈されたものだった。小平から近い所沢球場を本拠地とした西武ライオンズの選手たちが、帽子に「ライオン」のマークをつけていたことから、愛着をもつ子供たちが多く、図書館の玄関に「ライオン」を置くことになった。今も小平市中央図書館には一対の「ライオン」が来館者を迎えている。この「ライオン」は以前東京・ブリヂストン本社のショーウインドウに雄、雌一対の剥製のライオンが飾られていたが、ビルの改修などにより倉庫に眠っていたものだった。

ブリヂストンからの寄贈を示す説明板には、アフリカ原野で棲息していた雄8歳、雌6歳のライオンで剥製技術は西ドイツと書かれている。

小平市へと取材を続けた逢坂さんたちがとらえた小平市中央図書館のライオンは、正二郎が西鉄ライオンズに贈ったライオンとは違った表情をしていた。

同年五月十日放送された「ナイトシャッフル」は、「常にナンバー・ワンを目指した正二郎さんが、日本一になった西鉄ライオンズに贈ったライオン。優勝パレードの先頭に立ったライオンは今どこにいるのだろうか」と結んだ。

9
弱かったために

「正二郎はね、常に食事と運動に細心の注意を払い、タバコなどとらぬという日常的摂生を守っていた。食事については独自の見識があった。食事に気を配ると同時に、毎日体操することを忘れなかった。独自で編み出した〝天突き体操〟は欠かしたことがなかった」と幹一郎は言う。

正二郎は幼少年期は病弱で、六歳で入学した小学校では、体が虚弱なために欠席がちでろくに運動もできなかった。

「私は小学校の頃はクラス一番虚弱であったから、今なお健康に用心深い習慣が身についている。私は人間の肉体は食物が根本であると思い、栄養価高く消化のよい洋食を食べ、米穀は食べない。料亭の宴会はなるべく避け、酒もタバコも用いないでいるから、今日の健康を保っている」と語り、江戸時代の思想家・貝原益軒《かいばらえっけん》の健康心得を大切にしていた。

食事は質と量を常に一定に保ち、夜は飽食するな、脂肪は用心しろ、不消化物はカスを出せ、水物を飲みすぎると胃液を薄め消化を悪くする、と言い続けた。

自宅でくつろぐ石橋正二郎

日本大学水泳部で日本を代表する選手だった中嶋功は、卒業の年、当時の石橋正二郎社長、幹一郎副社長に会った日のことが忘れられないという。同大水泳部の村上勝芳監督と、東京日本橋の肉料理「ざくろ」に招かれた。会食中、正二郎は肉を六十回から百回は噛み、噛み終えるとカスを皿に戻した。その半端でない咀嚼《そしゃく》に驚いたという。「ブリヂストン水泳部で頑張ってくれますか」と言われ「ハイッ」と言って昭和三十八（一九六三）年入社を決めた。その後、百メートルバタフライ日本新、日本選手権大会（一九六四年）で史上三位の58秒4を記録し、東京オリンピック日本代表選手となった。

正二郎が九十年近い長寿を保ったのは、固い意志によって維持された養生法の賜物にちがいなかった。その養生法は名医の診断を絶えず受けるとか、高貴薬を服用し続けるという類のものではなかった。食事と運動に気をつかった日常的摂生に他ならなかった。

正二郎は食事と運動の他に、もうひとつの「健康法」をもっていた。

私には三つの大きな楽しみがある。よい美術を集めること、庭を造ること、建築設計をやること。どれもこれも自分ひとりで楽しむのではなく、みんなと一緒に楽しむことを楽しむのである。美術コレクションは美術館へ広く公開して人に見てもらうのだし、庭づくりはできるだけ美しく、大規模にして来園者によろこんでもらうのが最終目的となる。建築に至っては工場、オフィス、住宅、会館、倉庫、宿舎、その他なんでもござれである。むろん細部にわたって自分でやれるわけでもないが、公私合わせて、私は今までに何万坪かの各種建築物の設計いじりで楽しんできた。恐らく専門家でもこの坪数にはかなうまいと思っている。

私は何事にも凝り性で、一度それに取りかかると他の一切を忘れてひたむきになる。楽しさが二倍にも三倍にもなると共に、気分の転換にもよろしく、ひいては「楽しみを楽しむ」これが一番の健康法にもなっている。

(「新・三六五日の健康訓」)

正二郎が親しんだ筑前の国(現在の福岡県)出身、江戸時代の思想家・貝原益軒の『養生訓』が上梓されたのは一七一三年。今からおよそ三百年も前のこと。当時益軒は八十四歳。この本の「人

生の楽しみ方」には

一、「道」を行ない「善」を楽しむこと。

二、病なく快く楽しむこと。

三、長寿の楽しみ。

益軒はこの「三楽」をいかなる金銀財宝の富や名誉の尊さよりも優れたもの、としている。

悲運と見える状況も、その卓越した能力と不撓《ふとう》の意志と超凡の努力とによって克服してきた正二郎。災いを幸に転じた場面もしばしばあった。

しかし、人事不可測、人間である以上どうすることもできない生老病死という宿命の場面にも、弱かったからこそ会得した独自の強さを見せた。

10
いつも真っすぐ

「正二郎はね、打ちこんだバンカーからボールをあげる時、いつも真っすぐグリーンへ向って打つんですよ。横に出して打ちやすい状況にして打てばいいと思うところも、常に真っすぐ、真っすぐ打つ人でした」

ブリヂストンカンツリー倶楽部（昭和三十二年開場、ＢＳＣＣ）が開設される前、久留米工場の幹部がトラックやバスを仕立てて、佐賀県の唐津ゴルフ場に通っていた時のことを幹一郎は話してくれた。

「このコースの3番ホールは谷越えで砲台グリーン。しかもその前に深い深いバンカーが口をひらいている名物ホール。社内大会が行なわれた時だったが、正二郎は第一打をこのバンカーに入れたあと、17ストロークをかけてボールをグリーンにのせた。18オンである。私たちは次のグループでティグランドから観戦していたが、正二郎は決してピン以外の方向を狙わなかったため、三メートルくらいある崖の一番高いところを越さねばならなかった。私たちは『社長らしい』とむしろ感心したことを覚えている。他の人々の中には、要領よく直ちに横方向をむいて一発で出し、スリーオンさせるのが散見されたが、正二郎はこの主義はとらなかった。これは正二郎の性格がそうさせたものと思っている」

そして晩年の正二郎のゴルフについて、幹一郎はこんな話をしてくれた。

正二郎は社長時代から、毎年軽井沢の別荘で夏を過ごした。避暑、休養というよりも、この

プレイ中の石橋正二郎

一ヶ月間に会社の長期方針を考え、指示書をつくるのを通例としていた。そのうちに正二郎のゴルフは軽井沢旧ゴルフコースの名物になっていた。それは夫人を伴った正二郎が、早朝六時頃から運転手をキャディーに、朝露を踏んで誰もいないコースをまわる。そしてプレーヤーのスタートする頃にはラウンドを終る。もちろんクラブ側にはOKをもらってのことであったが、その飄々《ひょうひょう》たるラウンド振りと夫妻の気配りにクラブ従業員が好感を持ち、いつしか石橋さんの早朝ゴルフという名物になっていた。

そのうちにキャディもクラブ側で特別に早出の人をつけてくれていた。これは父に言わせるとプレーヤーに迷惑をかけたくないとの気持ちでもあった。愛嬌あるスイングで楽しそうにまわっていたが、この習慣は七十六、七歳頃まで続いた。

正二郎が創設したBSCCの開場式（一九五七年）では、アマチュアゴルフ界育ての親として知られた朝香之宮《あさかのみや》殿下（允子《のぶこ》妃殿下は明治天皇の第八皇女）と共にプレーを楽しんだ。事業の発展で多忙を極め、年に数回しか久留米には来ることができなくなっていたが、時折このコースを回った。昭和の初期、正二郎がスターティングメンバーだった大保ゴルフ場で、キャディをつとめていた吉浦正行が、キャディ教育責任者としてBSCCに奉職していたが、正二郎と一緒に回ることが多かった。

吉浦は「正二郎さんはいつも夫人同伴で、5番ホールから6番へ向う赤松林を鑑賞しながら歩いておられました。7、8番ホールはカットし、9番ホールで終り、それ以上回ることはなく、皆が喜んでいる姿を見て喜んでおられるようでした。会社の人たちに気を使わせたらいかん、という配慮もあり、私にご指名があっていたのだろうと思います」と述懐していた。

正二郎は終生公式のハンディキャップは持たなかった。自分ひとりの楽しみより、世の中のより多くの人々の楽しみにひろげ、それを見て自ら満足する、正二郎のゴルフにはそういう姿が見られた。

ブリヂストンカンツリー倶楽部で
（左・正二郎、右・幹一郎）

11
兄のこと

正二郎が共に仕事をした兄の徳次郎（幼名・重太郎）は、明治十九（一八八六）年二月二十三日生まれ、正二郎より三つ年上である。父、徳次郎の死により、明治四十三（一九一〇）年、二代目徳次郎を襲名した。

少年時代は負けず嫌いのわんぱく坊主、学校の勉強は大嫌い、当時四年制だった商業学校を六年かかって卒業した豪の者。

「兄は非常に元気がよく、学校へ行けば一番の暴れん坊だったので、兄は外回りの仕事、私は内の仕事を仲良くやれと言い渡された」

家業を引き継ぐ際の父の言葉を正二郎は『私の歩み』に残している。

二十歳の時、父の仕立物屋を正二郎と一緒に継いだが、性格が外向きなので、内部の仕事は一切正二郎任せ。しかし、正二郎の事業拡張とともに、大正七（一九一八）年、資本金百万円で日本足袋株式会社（後の日本ゴム、現在のアサヒコーポレーション）を設立し、社長に就いた。

正二郎の兄・二代目石橋徳次郎

幹一郎はこんな話をしていた。
「スポーツ万能選手だった徳次郎から、筑後川の洪水の時、川を泳ぎ切ってみようと久留米工場の辺りから飛び込み、向こう岸の安武《やすたけ》（工場から二キロほど下流）まで流されて着いたと、自慢話を聞かされた。ゴルフも大変熱心で、正二郎の勧めで入会した大保ゴルフ場では、数年を経ずしてハンディもぐんぐんよくなり、11か12あたりまでいったと記憶している。大体新しがりやでは兄のほうが弟よりまさっていた筈だが、なぜか大保ゴルフ場にはその間の事情は定かでないが、あとから入っている」

兄徳次郎に代わって正二郎が日本足袋株式会社の社長に就任したのは、昭和五（一九三〇）年。徳次郎は会長。タイヤの国産化を決意した正二郎は、その前年から日本足袋の平屋建倉庫を工場としてタイヤの試作を続けていた。

「幼稚ながらも外国の指導を受けず、独自の研究によって技術を築きあげた。私も素人ながら、当初この苦難によって心血を注ぎ技術に専念したので、技術上の知識を深めることができた。今日から見れば、その苦労はむしろ有益であった」（『私の歩み』）

正二郎は自ら、毎日、朝から晩まで詰めきりで試作研究に没頭した。

その年の四月には試作品第一号が完成。「日本足袋タイヤ部」の名刺と、タイヤの切見本をカバンに入れた販売員は販売に走り回った。「アサヒ地下足袋」の名声が通っていたことから、足袋関係の販売網に頼ったのは自然の成行であった。しかし本格的にタイヤ産業に進もうとしたものの、「足袋屋のタイヤ」というので誰も相手にしてくれなかった。

その頃のわが国には、ダンロップ、グッドリッチ、グッドイヤー、ファイアストン、ミシュラン、コンチネンタルなど外国タイヤメーカーの代理店が都会中心にあり、タイヤは外国品が独占していた。

昭和六年、ブリヂストンタイヤ会社を創業した正二郎は社長に就任。

製品が出来始めるとそれを何とか売り捌《さば》かねばならなかったが、生産技術の未熟さから、創業三年間で25％の返品に悩まされた。工場周りは返却タイヤが山のように積まれた。

「正二郎が余計なことを思いついたから、金ばかりいって困ると、兄徳次郎から発言があったときの正二郎さんの沈痛なお顔が眼底に浮かびます」と、終戦当時、日本タイヤ久留米工場長をつとめた石丸忠勇は、『石心』で語っている。

「是非事業化したい」とタイヤ事業への進出を決めた正二郎に賛同するものは、兄徳次郎をはじめとしてほとんどいなかった。

しかし、苦境にあっても正二郎の決意は揺るがなかった。それどころか、本格的なタイヤ工場建設を目指し、鉄筋コンクリート五階建ての建設に着手した。

正二郎は技術の改良に最善を尽くすと共に、市場開拓活動を活発に進めた。結果を出すことで、石橋家や社内にくすぶる不安や不満を解消することを目指したのである。

正二郎を勇気づけたのは、昭和七年に商工省優良国産品として認定され、また、日本フォード自動車会社、日本ゼネラルモータース、クライスラーから納入適格品として認められたことだった。「ブリヂストン」という珍しい名称がだんだんと業界の話題となり、需要家の好奇心も手伝って販売活動は上向き始めた。

一方、兄の徳次郎は久留米市繁栄のため、久留米に旭屋デパートを創立し、会長に就任（昭和十一年）。旭製鋼所を創立し社長（昭和十六年）となり活躍した。二十五歳のときに市会議員に当選（大正三年）、商工会議所議員（大正十四年）、商工会議所第八代会頭（昭和六年就任、十三年まで）など公職に熱中した。昭和十三年には、地元有志から是非にと推され久留米名誉市長を務めた。徳次郎は固辞し続けたが、市長を引き受けるのであれば無報酬でということで引き受けた。報酬を固く断ったので「名誉市長」となり、昭和十七年四月まで務めた。

敗戦。

正二郎と兄徳次郎に歴史的な選択を余儀なくされる時が訪れた。

終戦を迎え、ＧＨＱによる財閥解体が行なわれ、その第一次指定は三井、三菱、住友、安田などであった。これに続き数次にわたる指定が行なわれようとしていた。正二郎を中心とする石橋家の事業も、この中に含まれる恐れがあるから、一日も早く事業を解体してはどうか、とある筋から正二郎は忠告を受けた。

正二郎は、『私の履歴書』に次のように書いている。

昭和二十二年、持ち株整理委員会の笹山忠夫さんから呼出され、「あなたや兄さんがブリヂストンタイヤや日本ゴムの株、ほか子会社の株を持っているのはいけない。一つずつに分けなさい。そうすれば排法にかからないよう尽力する」との忠告を受け、すぐ実行した。それまで私はブリヂストンの社長と日本ゴムの社長を兼ねていたが、この際、日本ゴムは退くことにし、兄は久留米市長をした関係で追放だったので、永田清君に日本ゴムをやってくれないかと頼んだ。永田君とは昔から因縁浅からぬものがある。永田君の家は私の家の筋向いにあり、私のところは醤油製造、永田君の家は酒の醸造をやっていた。しかしその後、永田君の家は火災で酒蔵一切焼けてしまい、田舎に引っ越してしまったが、弟は慶応で永田君の後輩だし、長男は東大で講義を聞いていた。

昭和二十二（一九四七）年十月、過度経済集中排除法公布により、日本ゴム社長を正二郎は辞任。ブリヂストンタイヤと日本ゴム両社の完全分離が行なわれ、後任社長は慶応大学教授の永田清が就任し、徳次郎は引続き会長となり、正二郎は創立以来、二十五年間経営に当たってきたが、これから一切の関係を絶つことになった。

昭和五（一九三〇）年の社長就任から十七年後のことである。

十七歳で家業を継ぎ、手塩にかけて育てあげた日本ゴムを手放さねばならなかった。

なぜ正二郎がタイヤ事業を選んだか、『創業者・石橋正二郎』（小島直記著）は次のように紹介している。

　タイヤの仕事は兄さんの反対を押し切って始めたもので、大変苦労もし努力もしてきた事業だ。履物のほうは兄さんとともに始め育ててきたが、事業は安定していて、経営もそれほど困難とは思えない。タイヤはこれからも非常に難しい事業だと思うので、私はタイヤを選んだ。

昭和三十（一九五五）年、永田清が社長を退任し、石橋進一（正二郎の弟）が社長就任。

昭和三十三（一九五八）年、兄徳次郎が七十三歳で亡くなった。

昭和三十四（一九五九）年には、二代目徳次郎の長男義雄が三代目石橋徳次郎を襲名、社長に就任した。

以下アサヒコーポレーションのホームページより記載する。

昭和六十三（一九八八）年、CIを導入、企業の近代化を図るとともに、社名を「株式会社アサヒコーポレーション」と変更。

平成十（一九九八）年、本社を久留米に移転。会社更生法手続を申請。

平成十三（二〇〇一）年、更生計画の許可を受ける。新アサヒコーポレーションスタート。

12 自分のこと（自画像）

一、私は十七歳で家業経営の全責任を持った。
父は何も指図しなかった。

兄は内のことは余り省みなかった。

父は私が二十一歳のとき亡くなった。
二、私は何事によらず自分の責任において決断した。
仕事に対する信念が固かった。

独断的なことも多かった。そうせざるを得なかった。

三、時は金なり。
私は時間を大切にした。
事業はよい計画を立て、時を活かすことにより成功する。
タイミングが非常に大切。
先の先を見透かして事業を始める。
気は長く持つが、行なう時は気短かでなければならぬ。
迅速に運ぶ、時間を惜しんだ。
四、事業に対する理想。
人間を幸福にするものは文化を高める。
生活を豊かにする。
五、何時も積極的にスケールは大きく、時勢を見透かして一歩一歩先んじて行く。
自分の実力　程度を知ること。
自分の信用を高めること。正直で約束を守ること。誠実に正直。
六、迷わず一直線に進む、堅い信念。
ジグザグコースはやらぬ。
七、忍耐強く努力する。
何事にも真剣に働く。
八、用心深い性質だから賭け事や勝負事はやらぬ。

事業でも投機的なものは嫌い。
九、抽象的、観念的に流れることが嫌い。
良い事は具体的に速やかに実行する。
言うことよりも行なうことに重きをおいた。
十、情けは人の為ならず。打算的でない、温かい心が大切。
寛容、有難いという感謝の念に満つ。
十一、健全な生活が好き、そのため非社交的といわれてもやむをえない。
十二、無駄が嫌い、世の中には無駄が多過ぎる。
十三、二重生活が嫌い、無駄が多い。
私が子供時代からの経験では、日本人の生活は、長年月の間には必ず西洋化する。
カブレではない、運命である。

正二郎は、昭和五十一（一九七六）年九月十一日、八十七歳の天寿を全うして旅立った。他界する七、八年前からパーキンソン病を患い治療を受けていたが、昭和五十年後半になると、歩行に不自由を感じるようになった。そのため、出社することはほとんどなくなり、自宅で静養、治療につとめていたが、五十一年二月、突然重いヘルペスを発症し、三月には主治医の勧めによって入院することになった。以来、病院での加療生活が続いたが、近親者の見守るなかで静かに生涯を閉じた。
葬儀は九月二十八日、柴本社長（当時）を葬儀委員長に東京・青山葬儀所で社葬として行なわれた。政府は、故人の生前の功績を称えて、従三位勲一等瑞宝章を追贈した。

正二郎の徳を慕い、多数の人々が追悼文を寄せた『遺稿と追想』の中で、ホンダ（本田技研工業）の創始者本田宗一郎は次のように書いている。

石橋さん父子との親交はずいぶん古いので、翁のことはよく知っていると思っていた私も、翁が亡くなられてからさらに感銘深いことに接し、その偉大さに改めて敬服の念を抱いたのである。それは翁の葬儀の時のことである。

告別式に参加した私の心を強く捉えたのは、従業員によって構成された吹奏楽団によるベートーベンの『英雄』の曲の演奏であった。この曲に聞き入りながら私は、この日の翁への餞《はなむけ》として、これほど素晴らしく、またふさわしいものはないと思わずにいられなかった。過去の英雄というものは、秀吉にしてもナポレオンにしても、洋の東西を問わず、多くの人の犠牲の上に出来上がっていると思うが、現代の英雄というものは、翁のように、組織をつくり、それを活かして、多くの人々の上に幸福な生活をもたらすことに貢献された人であると私は信じている。

石橋翁は若い頃は決して恵まれた家庭の人ではなかったようである。十七歳の時に家業の仕立物屋を継がれたが、将来は社会から広く歓迎される仕事をと考えられて足袋製造業への転換をはかり、次第に職域を広められて、ブリヂストンを築き上げられたと聞いているが、それまでのご苦労は我々の想像も及ばないものであったに違いない。翁が自らの尊い経験を真っ先に活かされたのは、従業員を幸福な生活に導くことであり、同時にそのことは、社会への貢献に尽力されることにつながるものであったと思う。

新しい産業を興し、多くの人々の生活を高めた本田宗一郎だったから「現代の英雄」像を「多くの人々の上に幸福をもたらすことに貢献された人」と確信したのだろう。

本田宗一郎もまさしく現代の英雄であった。

正二郎は、昭和三十五（一九六〇）年、七十一歳の時、「自分のこと（自画像）」と題する一文に「事業に対する理想」として「人間を幸福にするものは文化を高める。生活を豊かにする」と記している。まさに事業を通して、理想実現に努力した生涯であった。

石橋正二郎の葬儀（1976年、東京・青山葬儀場）

「英雄」を献奏するブリヂストン吹奏楽団（1976年、東京・青山葬儀場）

第七章　正二郎の心を旅する

久留米市民による劇「石橋正二郎物語」のポスター

1

久留米工場の吉野ヶ里

「正二郎はね、それまで使っていた和食器を全部片付けてランチ皿とスープ皿、コーヒー碗を持ち込み、これから日本食を食べる時も洋食器を使うようにと宣言した。家族全員困惑したが、正二郎が言うには、形がいびつでざらついた表面の和食器は、無駄で不潔が生じるので、収納の効率と衛生の点から洋食器を選ぶというわけです。箸は禁じられ、ナイフ、フォーク、スプーンを使い、味噌汁もスープ皿で食べろという父の根拠は、徹底した合理主義から来ていた。この件は間もなく撤回してくれましたが、その間、母がいちばん困ったようでした」

机に並べられた正二郎や家族の写真を手にとって見ていた幹一郎が、そんな話をしたのは、平成二（一九九〇）年十二月二十日、福岡での所用を終え久留米工場に来た時のことだった。

その年の秋のことだった。

〝小屋〟と呼ばれていた久留米工場の古い倉庫から、ケースにおさめられた正二郎の顔写真と家族の写真、写真ネガのようなガラス板、大阪の画商からの見積書などが出てきた。倉庫を整理していた社員が発見した「特別なもの」だった。正二郎の身近なものということは一目瞭然。そのリストをつくり幹一郎の来工を待った。

「特別なもの」と対面する日の机の上には、写真や資料がおよそ二百点。まず手に取った幹一郎が「この博多の写真館の名前が入ったケースは、正二郎の見合い写真だね」と言う。続いて、大阪の画商からの書類を見ながら「画題の上に○×が付されている。買い入れるものとそうでないものを正二郎が区分したものだ。昭和五年という日付から秩父宮殿下を久留米へお迎えする時のものだろう」と。二十枚ほどあるガラス板を蛍光灯に向けて見ていた幹一郎は「ガラス乾板という昔のフィルムだが、外国車の前に背広姿の人がいるのはわかるけど判明できない。引き伸ばしてみよう。これは久留米工場の吉野ヶ里だね」と言って、何か大きなものを発見したときのような表情をしていた。

古い写真に目を通す幹一郎と筆者(右)
(1990年12月20日)

ちょうどその頃、佐賀県神埼郡（当時）に弥生時代の環濠集落遺跡が発掘され、わが国の歴史遺産として注目を集めていた。〝小屋〟から発掘された「特別なもの」を幹一郎は「吉野ヶ里遺跡」にたとえた。

そして家族写真を見ながら、櫛原町（久留米市）の生活が始まった頃のことを話してくれた。

昭和二（一九二七）年に櫛原町の屋敷に越したが、六割が洋間でテーブルに椅子、ベッドという洋式の生活。西洋好みの正二郎は、家業で足袋をあつかっていたものの、足袋は次第にはかなくなり、着るものは和服を避け洋服で通した。「これを知った久留米の人たちには、正二郎は〝行かず西洋〟と称されていた。正二郎自身は合理主義を重視する人間だったから当然の選択であった」と話す。

正二郎が結婚したのは大正六（一九一七）年五月五日。その前年、大正天皇が福岡に行幸されて大観兵式があり、正二郎は兄と一緒に参観に行った。たまたま久留米商業学校時代の校長で、その当時は福岡商業学校の校長だった太田徳次郎先生に出会った。正二郎の生徒時代のことをよく知っていた太田校長は、兄に「正二郎君の嫁は自分の親友の娘で小学校八年間級長を務め、しかも無欠席で通した健康でよい娘がいるから是非自分に任せよ」と言って媒酌人まで引き受けた。万事を任せた正二郎は会ったこともない太田昌子と結婚式を挙げた。その時正二郎は二十八歳、昌子は二十一歳であった。「久留米工場の吉野ヶ里」の写真はその時のものだったのだろうか。

正二郎の家族は、妻と一男四女。家族を極めて大事にし、家族全員が揃うのを一番楽しみにしていた。昭和十二年に東京麻布永坂の家が完成し、家族全員東京に移り、戦況が悪化する少し前までの五、六年が幸福の頂点であったという。

正二郎はまことに意志堅固で、酒、タバコはたしなまず、宴会も好きではなく、「健全な生活が好き、そのため非社交的と言われてもやむを得ない」「用心深い性質だから賭け事や勝負事はやらぬ、投機的なものは嫌い」「抽象的、観念的に流れることが嫌い」「言うことよりも行なうことに重きをおく」「無駄が嫌い」と記している。

妻の昌子は、正二郎を「修養のある人」「寛大な人」「独創的、積極的な人で人まねをするのではいけない、人のしないことをしなければ、と言い続けた人」、「正直で、信念と責任感が強いので自分でよいと信じたことは、誰が何と言ってもやり通し、その代わり自分が悪いと思うことは、どんなに勧められても絶対にやらない人」と言っている。

正二郎は「昌子の内助の功が私の今日を成した」と書き残しているが、三十七年間苦楽を共にした昭和二十八（一九五三）年、五十七歳で先立たれた。

「亡妻のこと」と題した『私の歩み』の一節には次のことが記されている。

正二郎の家族（1941年）

終戦直後のこと、京橋本社の焼跡に十数軒のバラックの露店が無断で出来てしまったので法律顧問の牧野良三氏など、今のうちに手を打たぬと大変だ、と心配されたが、昌子は私がよく話してみます、と言って露店を見舞いに行き、皆さんは罹災《りさい》された方ばかりでお気の毒ですから、社屋を建てるまではここで店をされるのは結構です。けれども建てますときには立ちのいてください、といって、心のこもった見舞い品を贈り、同情してまわったから非常な好意をもたれ、その後ビルを建てる際、一人も文句を言わず、皆行き先を用意していたから円満に立ち退いた。これなど、やさしい心がきびしい法律以上に大事なことを示す一例と思う。今でもそのときのことを忘れず挨拶に来る人がある。

昌子を亡くした正二郎は、昭和二十九（一九五四）年三月、清水富久と再婚した。

幹一郎が「久留米工場の吉野ヶ里」と呼んだ「特別なもの」は、社史に詳しい本社担当者の応援を受けて、久留米と本社で保管するものを整理区分した。

ガラス乾板から大きく引き伸ばされた五枚の写真は、昭和七（一九三二）年に商工省優良国産品として認定された、ブリヂストンタイヤを装着したゼネラルモーターズの車だった。同年に、日本フォード自動車会社や、クライスラー社からも採用され、歴史を物語る貴重な資料だった。久留米工場の玄関ロビーに掲示された写真は従業員の関心を集めた。

「久留米工場の吉野ヶ里」と名づけた幹一郎は、その前年（平成元年）、日本経営者団体連盟（日経連、現日本経団連）の副会長に就任していた。高度成長を続ける日本経済は海外へと大きく舵をとり、一部ではエコノミックアニマルと誹謗《ひぼう》される一面も見え、国際的問題として深刻化してきた。産業界にあってはゆとりある職場環境づくりに本腰を入れ取り組む必要があった。そのために日経連鈴木永二会長は、二人増やし六名となった副会長に、昭和五十一（一九七六）年から全国文化団体連盟（全文連）会長をつとめ、文化人として国際的にも名高い石橋幹一郎を「文化の向上による豊かな労働環境づくりを担当する副会長」として起用した。

ブリヂストン本社の労務部にいた私が、全文連会長に就任した幹一郎を補佐する立場で全文連に出向を命じられたのはその頃である。ソニーや鹿島、日経連などからの出向者と文化プロジェクトを組んで、産業人の豊かな労働環境づくりを目指した全国的活動を推進するものであった。会長への定期報告や全文連幹部との打合せの折に幹一郎に接しながら学んだものは大きかった。なかでも幹一郎が「小異にかまけない大局観を持ち合わせた方」と高く評価し尊敬しておられた日経連会長の桜田武氏を身近に見ることができたのも貴重な経験だった。

出向を終えブリヂストンに戻った私は、東京工場（東京・小平市）、本社勤務を経て久留米工場に転任していた。

言いたい聞きたい

日経連副会長に就任した
ブリヂストン名誉会長

石橋《いしばし》　幹一郎《かんいちろう》さん（69）

特色ある地域文化を

聞き手　久留米支局長　宍戸　邦夫

言いたい聞きたい

「言いたい聞きたい」毎日新聞（1989年6月30日）

2　父子二代にわたって郷土・久留米に

平成七（一九九五）年一月十八日、幹一郎が石橋文化センタープール跡地に建設を進めていた石橋美術館別館が完成し、竣工寄贈式が行なわれた。

「別館」は、昭和三十一（一九五六）年に開館した石橋美術館の隣に位置し、日本書画を中心とした美術品を展示する専門館。別館の完成により洋画を中心に展示する本館と好対象の展示テーマを持つ、総合的な芸術文化エリアが出現することになった。

翌年の石橋文化センター四十周年を記念して、幹一郎から久留米市へ贈られるものだった。建屋竣工後一年以上の乾燥期間を経た後の開館予定と公表された。

久留米市谷口久市長はじめ百名が出席して行なわれた竣工寄贈式後のマスコミの記者会見で、幹一郎は久留米に対する思いを語った。

―きょう石橋美術館別館の寄贈式が行なわれましたが、寄贈を終えられてのお気持ちは。

私も三月で七十五歳になります。もう老境ですから、きちんとしておかねばならないと思い、所蔵品の中の日本書画を収まるべきところに収まるようにということで、美術館別館を建てて贈らせてもらいました。容れ物は立派なものをつくろうという事で、ガスが出ちゃいけないし、明るさも暗くしなければいけない。そうしたことに合う建物をというところで、今日ご覧いただいたようなものになりました。ただ、これはあくまでも建物でして、美術館としてのオープンはもう少し先になります。

石橋幹一郎と谷口久久留米市長（右）

―久留米市民に対してのお気持ちは。

それは何と言っても、私の故郷ですから、高校は福岡高校でしたが中学までは久留米でしたし、ブリヂストン発祥の地でもあり、久留米市民に対する気持ちは普通じゃない。何とかお役に立ちたいと思って、後々まで親しんでいただけるものをという事で、形にさせてもらいました。メセナとかじゃなくて、父が申しておりました「世の人々の楽しみと幸福の為に」という気持ちで、久留米の地域社会のために喜んでもらうことが目的です。

―別館の収蔵品は、寄贈を発表された際の内容と変わりないですね。

はい。収蔵品は美術館の本館もブリヂストン美術館も石橋財団で保管させていただき、専門家の意見を聞きながら管理しております。今回の分も、まとめて時期が来たらと思っておりましたら、市長さんにお話しましたところ、公認プールが古くなってしまったので、あそこの後に建てたらどうかと言っていただきました。美術館の別館とすれば、従来の本館との位置関係もよく、併せて楽しんでいただけるという事で、あそこに建てさせてもらいました。

——撤去されたプールについてご感想は。

オリンピック選手を生み出したプールですから、名残惜しかったのも正直な気持ちです。しかし老朽化もはげしく、いつまでもあのままでいい訳はないですから、お許しいただけるのではないかと思っております。

竣工寄贈式から一年十ヶ月経た平成八（一九九六）年十月十九日に、「和」中心の美術館「石橋美術館別館」が開館した。

石橋コレクションには、貴重な書画や山水画、陶磁器などが含まれていたが、これまで展示する場所がなかった。そこで父正二郎と同じく「美術品は秘蔵せず公開すべき」との信念をもつ幹一郎によって、総工費十億五千万円をかけて建設され、久留米市に寄贈された。

本館とブリヂストン美術館（東京）に別館が加わり、わが国有数の石橋コレクションのほぼ全容が公開されることとなった。

石橋美術館と同別館（右）

「別館」は二階建て、延べ床面積が約千平方メートル、うち三百平方メートルが展示場。一階がホール、二階が展示室で、身体障害者用のエレベーターもある。

所蔵品で注目されるのは、まず国宝や重文など。国宝は中国・元時代の僧侶因陀羅《いんだら》の水墨画「禅機図断簡《ぜんきずだんかん》・丹《たん》霞焼仏図《かしょうぶつず》」。重文は、雪舟の「四季山水図」春・夏・秋・冬四幅ほか、「古今和歌集巻一断簡《まきのいちだんかん》・高野切《こうやぎれ》」（平安時代）と、中国・元時代の「青磁銹斑文瓶《せいじさびはんもんぺい》」（飛青磁花瓶）。

さらに、作品の中には、作家不詳の屏風「武蔵野図」、円山《まるやま》派の祖・円山応挙「牡丹孔雀図」、狩野典信の屏風「墨松墨梅図《ぼくしょうぼくばいず》」等がある。上村松篁が開館記念に特別に描いた「春日《はるのひ》」もある。また久留米出身の鋳金《ちょうきん》家、豊田勝秋の代表作品「鋳銅《ちゅうどう》花さし」も所蔵。この作品は一九三一（昭和六）年の第十二回帝展で特選となった。

日本書画や陶磁器は、洋画に比べて湿度や照明など、展示保管の面で繊細な部分があり、長期展示できない。専用の施設として建設された別館は、一回の展示品数にも限度があるため、時代、季節、画題などによって、作品を入れ替えて展示する。
父子二代にわたって、郷土・久留米に寄贈された美術館。久留米は「和・洋」の殿堂をもった。

3 正二郎と吹奏楽団

「正二郎は自分ではやりませんでしたが、音楽が好きでブラスはええもんだ、と絶えず言っていました。創業二十五周年記念で石橋文化センターを寄贈する際、社員全員で市内パレードをしようということになって、自前の吹奏楽団を作ったわけです。終戦後の暗いムードがまだ残っているので、明るい音楽を盛んにしたいという考えもあったようです」（一九八〇年十月二十六日・日本経済新聞「企業の＋α」）

吹奏楽団をつくった経緯を、当時ブリヂストン会長だった幹一郎は、こう話していた。そして「ブリヂストン吹奏楽団久留米」が、創設三十五周年の記念演奏会を平成三（一九九一）年五月二十三日、石橋文化ホールで開いたとき、「記念演奏会によせて」と題し、プログラムに次のようなメッセージを寄せた。

私はその創設から関わってきた一人として、心から喜びと賛辞と努力への敬意を、惜しみな

ブリヂストン創立25周年記念で久留米市内をパレードする石橋正二郎
（写真中央）とブリヂストン吹奏楽団。西鉄久留米駅付近（1956年）

く贈りたい気持ちでいっぱいです。

昭和三十一年のBS二十五周年式典の時、会場での数々の演奏だけでなく、久留米工場から石橋文化センターまでの「行進演奏」を従業員二千人の先頭に立って見事に成し遂げ、社内はもちろん市民の皆さんからも大変ほめていただきました。この「行進」は実はなかなか難しいことだったと聞いており、創設一年でよくも立派にやってくれたとの想いで胸が詰まった覚えがあります。

その後、全日本吹奏楽コンクールでの十六回にのぼる金賞受賞。そして毎年数々の演奏活動を行なって、それに対し「社会貢献賞」が授けられました。

この楽団の創設を思い立ちましたのは、故石橋正二郎で、単にBSの行事のためだけでなく、当時まだ楽しみの足りなかった市民の皆さんのためをも考えておりました。

今は国民生活も豊かになり、楽しみも増え続けておりますが、この音楽的に優れた演奏力をもつ楽団の使命は、ますます重く大きくなってゆくと思います。

団員の諸君は更に向上を続けてもらいたいし、市民の皆さんもどうかこの楽団を可愛がっていただきたいと存じます。

創設団員三十一名が最初に演奏した「君が代行進曲」から始まり、三十五年の歴史をつくってきた曲目が、ナレーションをはさんで記念演奏会はすすんでいった。

金賞受賞十六回は日本有数の楽団に成長したことを示す。「三十五年の歴史を作ってきたメンバーはOBを含め二百名にのぼる」のナレーションで幕を閉じた。市民で満員の会場には、この日久留米工場で開かれた取締役会の役員全員も出席していた。

石橋文化ホールでの記念演奏会からしばらく経った時、吹奏楽団OBを含む二百名の手元に、幹一郎からの手紙が届いた。

拝啓　初冬の候となりましたが、皆様お変わりなくお過ごしのことと存じます。

さて、本年ブリヂストンは創業六十周年を迎えましたが、ブリヂストン吹奏楽団久留米にとりましても、初演奏以来三十五年目となりました。

そして、この三月にはブリヂストンより社会貢献賞を、十一月には久留米市より久留米市文化章の表彰を受けるなど、吹奏楽団にとって輝かしい年になりました。

東京のブリヂストン本社ビル屋上で、演奏を終えた吹奏楽団員に労いの言葉をかける石橋正二郎、幹一郎（1957年）

この栄誉は、第一期のメンバーから現役のメンバーまで引き継がれてきた永年の地に足の着いた活動が、社会から正しく評価されたものであり、吹奏楽団の生みの親創業者もきっと喜んでいることと思います。

そこで、吹奏楽団に関係されました方々に、私から感謝の意を表しささやかな品をお届けいたします。記念にしていただければ幸です。

末筆ながら、くれぐれもご自愛の上、一層のご活躍をお願いいたします。

敬具

石橋幹一郎

モンブラン製シャープペンシルと共に、二百名の名簿が添えられ、「名簿は総務課長中野政則君にまとめてもらった」の付記があった。記念演奏会の企画構成をした者として嬉しいことだった。

4　美しい心によって使われるときモノは生きてきます

平成八（一九九六）年四月十九日、久留米での所用を終えた幹一郎は、帰京のため福岡空港へ向う直前、寸暇を惜しんで、吹奏楽団練習場に立ち寄った。翌週に予定された創設四十周年記念コンサートに来ることができない幹一郎のために、団員たちが開いた「サンクスコンサート」であった。練習場は三交替勤務に従事する吹奏楽団員が自由に練習できるようにつくられた専用のホールである。

コンサート後、幹一郎は次のような話をした。

久しぶりに皆さんの演奏を聴いて、ブリヂストン創立二十五周年記念日のことを思い出しました。久留米工場から石橋文化センターまでの四キロの道のりを、それは立派な堂々たる行進演奏でした。これがきっかけになって、皆さんの吹奏楽団が「二十金」どころか「純金」になってしまった。

それからもう一つ思い出しましたのは、東京・銀座のパレードで皆さんに行進演奏をしてもらいました。マーチングバンドでありますが、アンサンブルが極めて音楽的でありながら力強

ブリヂストン吹奏楽団40周年記念演奏会
指揮・團伊玖磨(1996年4月26日石橋文化ホール)

い。これは小山卯三郎先生の指導力もあったと思うのですけど、それが東京の桧舞台で立証されておりました。

来週の四十周年記念コンサートで、皆さんの指揮をやっていただく團伊玖磨先生というのは、私の家内の兄貴でもありまして、戦争末期に戸山陸軍音楽学校の軍楽隊で、吹奏楽について徹底的に鍛えられた人であります。オペラ『夕鶴』など優れた作品をたくさん創っておられますが、吹奏楽では専門家中の専門家であります。いい指導者を私たちは持っていますから、指導をよく噛《かみ》分けて、更にレベルアップをして頂きたいと願うものです。世界一になってもらいたいと思っておりますから、そういう意味で申し上げているんです。

それから皆さんにお願いしたいのは、石橋文化ホールというのがありますね。

あれは創業者の命を受けて、私が設計責任者になりまして、もちろん建築設計は菊竹清訓さんという久留米出身の設計者の方でありましたが、音響関係のことは私が全部注文をつけました。そしてNHK音響技術研究所の中島平太郎さんの力を借りまして、石橋文化ホールができ上がりました。音響的に日本のベストスリーだという折り紙をつけてもらい、現在でも、いろんな方に伺いますと、「音響的に素晴らしい」と非常にほめておられます。

石橋文化ホールを造った当時、いいお手本が三つほどあったように思います。東京の杉並公会堂、武蔵野音大のベートーベンホール、もう一つは神奈川県立音楽堂。日本フィルの常任指揮者でした渡辺暁雄先生が私を連れて廻られまして、そして「特に杉並公会堂で録音したレコードはうんと売れるんですよ。大変いい艶がありますよ」ということを言われました。それで「ホールの生命は音響だな」と思いまして、それでお化粧も少し節約させてもらいまして、音響効果のほうにうんとお金をかけさせてもらいました。

ホール出入り口のドアーが、あの当時、昭和三十八年ですね、一枚が二十五万円したんです。驚きましてね。そんな高いのは困るなぁといったんですが、これでないと音響効果は保証できないということを言われたんで、それじゃ思い切ってやろうということでやったわけです。

いつまでもあなた方のこの素晴らしい音が石橋文化ホールで市民の皆さんに届けられ、そして二ステージや三ステージ、いやもっと多く何回でもおやりになれるよう、そして、涙が出るような立派な演奏ですから、これを久留米という町の誇りにして頂きたい。皆さんの演奏も世界一になって頂きたい。それからホールもそういう意味で可愛がって頂きたい。皆さんのフランチャイズにして頂きたい。ホールは美しい心によって使われるとき、モノは生きてきます。

吹奏楽団員に話をする石橋幹一郎（ブリヂストン吹奏楽団練習場。1996年4月19日）

私が市に寄附したものですから、私物化したいい方をしてはいけませんけれども、しかし私の心はあのホールにありますから、是非皆さんそういうつもりで、一体となって素晴らしい音を創って頂きたいと思います。

それから四月二十六日の四十周年記念コンサートは是非拝聴したいんですけど、東京で私が外すことのできない会議が三つありますから、今度は失礼させてもらいます。機会を改めて、是非皆さんのもっともっと素晴らしいレパートリーを聞かせてもらいたいと思います。

若い団員に語る中で、「私の心は石橋文化ホールにありますから」という言葉を聞いたとき、「そこまで思い入れがあるのか」と私は驚いた。

この話をした翌年の四月三日、吹奏楽団は、東京・サントリーホールにおいて「四十周年記念東京演奏会」を行なった。この日幹一郎は風邪のため演奏会の出席を控えた。そして六月三十日急逝した。

「サンクスコンサート」は最後のコンサートとなった。

話の中に「二十金」とあるのは、全国吹奏楽コンクールで二十回の金賞を受賞していることから使われた。吹奏楽団が十八回目の金賞を目指していた一九九三年にも練習場を訪問し、この時は「十八金を狙ってください」と激励していた。

石橋文化ホール

晴れの落成、寄贈式

九響『白鳥の湖』で祝福

文化振興に一層努力

野口農夫西日本新聞社長の祝辞

花やかに開かれた石橋文化ホールの落成寄贈式

石橋文化ホールの落成を報じる西日本新聞・夕刊
（1963年5月3日）

石橋文化ホール（右）完成の頃の石橋文化センター全景（1963年）

5
写　真

「正二郎はね、記念写真が好きで、忙しい中に家族たちと一緒に何かをする時は必ずカメラを手にしていた。私もそれに習った。ゴルフは最も古いが、カメラも早くから取り入れたし、8ミリも流行に入る前だった」

「私が五つくらいの時だったろう。記念撮影中の父のカメラを三脚ごとひっくり返して石にぶつけてしまった覚えがある」

地下足袋時代、京町に住んでいた頃の思い出を語る中で幹一郎は話してくれた。

初めてカメラを手にした十二歳の幹一郎が、父の上海みやげのカメラで撮った一枚の写真（久留米工場の建設現場に立つ正二郎・本書69頁）は、記念誌などに載ることの多い写真であったが、幹一郎の撮影だと知る人はあまりいなかった。

幹一郎のカメラの腕前はプロ並みといわれる。『石橋幹一郎写真集・ヨーロッパ一九五一年、その一隅の普段着のすがた』（一九九二年、光村印刷株式会社）などの出版物もある。写真集のあとがきには「第二次大戦の終わった六年後の一九五一年五月から九月までの四ヶ月半、私は社用を兼ねて米欧十三ヶ国を巡訪しました。使用したカメラは、ライカＤⅢ型、レンズはニッコール50ミリＦ

1・4、フィルムはコダクローム（ASA10）」と付記されている。この時撮影された「凱旋門近くの高級住宅」は、『アサヒカメラ』（一九五二年五月号）の表紙を飾った。

この頃のことを倉田雲平の自宅を訪れた時、幹一郎は楽しく語っていた。久留米市に本社があるムーンスター株式会社（当時・月星化成）の二代目社長倉田雲平は、写真の世界でも先駆的指導者で、写真同人クラブ「久留米光画会」を設立した人として知られていた。コレクションのカメラをテーブルに並べた倉田と「カメラ談義」になった。一ドル三百六十円の時代、外貨持ち出しにも制限があり、コダックのカラーフィルムを旅行カバンにいっぱいつめて渡欧した話など幹一郎は懐かしく話していた。「日本の写真機の歴史を物語るものばかりですね」と幹一郎が驚いていた名機のコレクションは、倉田が亡くなった後、東京の「日本カメラ博物館」へ寄贈した、と久留米に住む息子の倉田賢治さんから最近伺った。

いつもカメラを手にしていた幹一郎（1991年10月4日水明荘）

作曲家の團伊玖磨は随筆家としても有名だが、その最初の本『朝の國夜の國―世界音楽紀行』（中央公論社、昭和三十二年）には幹一郎撮影の写真が数多く登場する。パリのグランド・オペラやチューリッヒの都市、西ドイツのオペラ劇場などの写真が並ぶ。「あとがき」に團は「写真家としても著名であり、ブリヂストンタイヤの副社長でもあり、僕にとっては義理の兄弟でもある石橋幹一郎さんに多くの写真を提供していただいた。忙しい社務を持つ方に面倒なことをお願いして悪かったかなと思っているけども、お蔭様で楽しい雰囲気が出てきた」と書いている。

「カメラでスケッチをする」と言われるくらい写真に精通した幹一郎のポケットにはいつもカメラがあり、ヒョイと取り出して撮影する感じだった。全国文化団体連盟に出向中、幹一郎と急に仙台へ行くことになり、ソニーの盛田昭夫さんの自家用飛行機で飛んだ。「カメラはね、自分の手に馴染んでよく言うことを聞いてくれるものを大切にするといいよ」と言いながらブリヂストンの那須工場（栃木県）が見えてくると、空からカメラを向けていた。

「撮った写真は順序を変えず、ボケた写真もそのままアルバムに貼り付けていく。そうすると記憶にキチンと残る」と言っていた。編集しないで時系列に記録していくのだという。「日付が入っていない写真は後で整理するのに困るナァ」とも言っていた。送られてくる写真には「○月○日撮影」と付箋がそえられ、いかにも幹一郎らしかった。

幹一郎が愛用した数々のカメラは、寄贈先の日本カメラ博物館に倉田雲平のカメラと並ぶように収蔵されている。

6 観光

平成三（一九九一）年、久留米市が市制施行百年を迎え、記念テレビ番組「明日の久留米を語る―人・未来・夢」（九十分間）がＫＢＣ九州朝日放送で放映された。六名の市民代表と共に語り合う座談会に出席した幹一郎の話は、一過性のお祝い番組の発言にとどまることなく、名誉市民として、郷土・久留米のお役に立ちたいという思いが込められたものだった。久留米に点在する自然風景、歴史的名所などを「観光資源」と位置付け、大きな可能性を秘めていることを訴えた。

その後幹一郎は、春、秋と季節感を変え、それらの風景を写真におさめ、「久留米観光の現状」と名付けた百枚近いスライドを編集し、プレゼンテーションを行なった。

「久留米には興味深い歴史があり、自然の美しさも心に残る。農産物も新鮮で安く、食べ物も海の幸、山の幸とも恵まれている。原石があるのに宝石にしないのは惜しい。久留米絣や久留米つつじ、ゴム産業などが全国に広がったように、久留米の地はもともと〝地力〟が感じられる町。しかし〝本物〟でなければ意味がない。豊かな自然に恵まれた土地に、ソフト力が加われば、更に魅力が増す。心の琴線に触れる久留米の良さを感じてもらう何かがあるはずだ」

幹一郎はスライドを映写しながら市役所、商工会議所、青年会議所、観光関係者など五十名ほどを前に熱く語った。

正二郎も早くから久留米の「観光」について提言し、観光スポットに手を差し伸べた。

名所旧跡は多くても、単に放置するだけでは、建物は老朽化するし訪れる人も少なくなり、折角の由緒ある記念物も次第に忘れられていく傾向となっては、惜しみても尚余りありと存じます。例えば、高良山は、森林としては見事なもので、数百年を経た杉の美しさ、眺望の雄大さは格別であり、レクレーションの場所として実に快適なのでありますが、道路が悪くては訪れる人も少なくなります。道路を思い切り立派なものにして、県立公園として名実共に備わる姿にすれば、久留米地方のみならず、遠方の観光客も喜んで来てくださるものと思われます。

梅林寺外苑と水天宮、篠山神社の一体化を図り、これらの名所旧跡に至る道路及び市内の舗装を改善し、気軽に人々が行けるようにすれば、久留米市の今後の繁栄のため重要なステップをなすものと思う。

（『石心』昭和三十二年）

久留米における名所旧跡の近代化が急務と考えた正二郎は、昭和三十三（一九五八）年梅林寺の大改修にあわせ裏山の筑後川河畔に沿った墓地一帯三千坪を「梅林寺外苑」として造り直した。美しい樹木を通して、筑後川の水面を眺めながら、静かに憩う場所として市民に愛され、親しまれるならば、多くの人が集う場所にもなると考えていた。また正二郎は、篠山神社をまつる篠山城趾を

久留米市制100周年記念KBCテレビ番組（1991年）

整備し、郷土史資料を公開展示する「有馬記念館」を昭和三十五年に建設寄贈した。

さらに正二郎は、昭和三十四年、「久留米教育クラブ」月報四〇号に「久留米の将来に望むもの」と題し、「観光」は市繁栄の促進に大いに効果があり、全国に遅れないようこの趨勢を見逃さないことが肝要だと「観光」を市の発展につなげるよう訴えた。

戦後、国民の間に「観光」が広くうたわれたのは、「新日本観光地百選」が最初だった。昭和二十五（一九五〇）年、毎日新聞が起こした運動で「日本百景」と呼ばれた。しかし、戦後の傷跡はあまりにも深く「観光」を手がけるにはそれからしばらくの時間を要した。

「観光」の二文字を全国に広く行き渡らせたのは、NHK連続テレビ小説「たまゆら」（川端康成作）であった。昭和四十（一九六五）年、一年間にわたり放映された日南海岸のフェニックス並木、大淀川の夕焼けなど宮崎県内の観光地をくまなく舞台としたこの作品は、宮崎への新婚旅行ブームに火をつけた。

幹一郎は自作の観光スライドを説明し終えた後、岩倉使節団のことを話してくれた。

明治四（一八七二）年から二年近くかけて、先進文明国を学ぶために、岩倉具視が特命大使として、米欧視察から帰国した後まとめた公式報告書『米欧回覧実記』の巻頭には、大きな二つの文字がある。「観」と「光」で、光を観《み》る。自分たちのこれからの指針を照らすものを見る旅が、岩倉使節団の本当の目指したものだったとも考えられる。久留米の光りものを観ることで、明日の久留米が見えてくる、というものだった。


平成九（一九九七）年六月三十日、幹一郎が急逝し、県立久留米体育館で名誉市民久留米市民葬が営まれたが、式次第以上に印象的で、市民の胸に刻まれたものは、ビデオで流れた生前の幹一郎の声だった。

「久留米が花と緑のうるおいのある町になることを願っています」

「子供のころ、久留米は植木屋さんと花屋さんの町だった。素地は十分あるんですよ」

久留米市制施行百年の記念テレビ番組で語る幹一郎の映像が、白い花で飾られた祭壇中央の画面に映し出された。


行く末を見守る二人の郷土への思いは一本の道となり、正二郎―幹一郎二代にわたる見事な受継ぎの航跡を見る気がする。

7 百周年のプレゼントはオーケストラ生演奏

平成九（一九九七）年六月三十日に逝去した石橋幹一郎を悼み、七月三日の西日本新聞はコラム欄「春秋」にこう書いた。

本紙朝刊連載小説、黒井千次さんの「夢時計」は五日で終わるが、挿絵を担当した大津英敏さんは福岡県大牟田市の出身である。中学、高校のころ、よく久留米市の石橋美術館に通ったという。「青木繁や坂本繁二郎、セザンヌやピカソ…。教科書に出てくる名画の本物に接する。それが私の画家になる原点でした」。入館者は一九五六年の開館から三百万人を超す。大津さんに限らず、これだけの人が恩恵に浴したことになる。

石橋幹一郎さんの死去は、改めて石橋美術館の存在の大きさを思い起こさせた。ブリヂストンの創始者、正二郎の長男として久留米に生まれ、父の跡を継いで美術館の充実に努め、昨秋には東洋美術を中心とする別館も新設した。バブルに沸いたころ、メセナ活動が流行語になってもてはやされた。しかし景気がしぼむと、一時の熱気は薄れて、文化ではなく総会屋の闇の世界に巨額のカネを流すというような企業不祥事が続発する。石橋さんはブリヂストンを

石橋幹一郎が書いた石碑（日吉小学校）

世界のタイヤ産業に発展させたが、「企業を私物化しない」と自ら代表権を返上し、石橋家の出身者を経営陣から外した。その一方で郷里の文化、教育、福祉に尽くした。その象徴が石橋美術館である。

企業市民としての地域に対する社会的責任、メセナ活動の手本がそこにある。母校の久留米市立日吉小学校百周年の時には「こどもに本物の音を」と九州交響楽団を招いた。

幼少期に学んだ久留米市立日吉小学校が開校百周年を迎えた昭和五十八（一九八三）年一月十三日、記念にオーケストラによる生の演奏会をプレゼントした。音響の優れた本物のコンサートホールで、と石橋文化ホールへ招待してのものだった。全校生徒が集まったホールでは九州交響楽団（九響）によるクラシック曲のほかに、この日のためにオーケストラ用に編曲された「日吉小学校校歌」が九響によって奏され全生徒が合唱した。日吉小学校の一角には「仲よく正しく根気よく」と書かれた幹一郎の石碑が残っている。子供たちの夢を育むような教育文化面での支援を惜しまなかった。

8 ハーモニーは人の心を結ぶ

正二郎の自著『雲は遥かに』の「リッチフィールド氏の印象」では、アメリカのグッドイヤー社会長リッチフィールド氏が、日本視察のため来日した日のことが書かれている。同会長の自伝『産業の海を行く』の一節が引用されている。昭和二十四（一九四九）年十一月来日した折のことである。

「…汽車の中から見たことや飛行機で窓から見たことなど、いろいろの人に会った感じでは、日本は巨額の資本と労力を投じた大製鉄所や飛行機工場は今は廃墟と化し、惨憺《さんたん》たるものとなったが、日本人には悲しそうな顔をしたものは一人もなく、国家再建に立とうと勇気に燃えている姿は、驚くべきものである。戦争に敗れても日本人は友好的で非常に好感が持て、扱いも丁重であった。」（中略）

「ある晩は、東京麻布の石橋邸で、客間の一隅の暖炉の火が燃えている音を聞き、窓外では大理石像に散る噴水の私語を耳にしながら、一同は食事を終えて車座になった。オースランド副社長と私がピアノを弾き、石橋氏の令息、幹一郎氏がアコーデオンを弾き、石橋夫人が三味線を弾いた。和気藹々《あいあい》、まるで一家の晩餐会のようであった。私たちはすっかりくつろいだ。習慣、言葉、作法の違いを全然忘れてしまった次第である」

エレクトーンを弾く石橋幹一郎、吹奏楽団と合奏

幹一郎が弾くアコーデオンを聴いたことがある。ブリヂストンのブラスバンドの練習を見に来た時、そばにあったエレクトーンを即興で弾いてブラスバンドと一緒になって合奏したこともあった。ピアノも上手かった。

ブラスバンドを楽しむ若い人たちが一つになって東京の銀座通りをパレードする、そんな青少年に夢を与えるアイディアを幹一郎は、ソニーの盛田昭夫とで図った。街並みの美化、交通安全を願う活動団体の協力もあって輪が広がり「銀座パレード」が始まったのは、歩行者天国が始まった翌年の昭和四十六（一九七一）年だった。五十団体もの吹奏楽団が神田を出発点にし京橋、銀座を抜け日比谷公園野外音楽堂でフィナーレの演奏をして終るものだった。久留米から参加したブリヂストン吹奏楽団や地元東京のソニー吹奏楽団は、ブリヂストンビル前やソニービル前では、思い思いのパフォーマンスを繰り広げた。

ヘルメット姿のデモ行進が社会を騒然とさせていた七〇年安保の頃で「銀座パレード」はさわやかなハーモニーとなって人々の心に溶け込んだ。

全国産業人合唱フェスティバルで一緒に歌う石橋会長（右）、
その左は盛田昭夫ソニー会長（1977年）

全国文化団体連盟「全国産業人合唱フェスティバル」の主催者であった幹一郎は、全国から集う千名近い人たちの前で「ハーモニーは人の心を結ぶ」といつも話していた。

> かねてから私は、コーラスは日本に新しい音楽文化を樹立する最良の途《みち》だと信じております。声を合わせて、ハーモニーをつくることは社会生活でも大切なことではないでしょうか。外国旅行中に、たまたま同宿したりした西欧人が即席でみごとな合唱の素晴らしいハーモニーを聞かせてくれた例をいくつも経験しました。今日のような舞台での歌声は大歓迎ですが、ステージを離れ日常の生活の場や、団欒の場で、自然発生的にいつでもハーモニーがつくられて、全員で楽しめるようになれば、どんなに素晴らしいことかとも思っております。
> 　私自身はコーラスの経験は皆無ですから、こ

のような生意気なことを申す資格はありませんが、今の若い世代の人たちは、そのようにあって頂きたいと願っているのです。

昭和二十八（一九五三）年に設立された九州交響楽団（九響）の発起人のひとりであった幹一郎が逝去し、広報誌「九響ニュース」（一九九七年八月号）は、次のように綴った。

久留米市名誉市民故石橋幹一郎氏（ブリヂストン元会長・社長）を送る祭壇は、氏が終生こよなく愛した故郷筑後の風景をイメージして、耳納《みのう》連山の杉木立を背に、肥沃な筑後平野を黄色い菊で一面に、その中に筑後川の流れを白菊で配して作られていた。

父君、石橋正二郎氏の「地域文化振興のために」という高い志を受継いで、ふるさとの教育、文化環境の整備に心を配り、私財を投じた。「目立つことを好まない姿勢は真のメセナ活動であると、尊敬と感謝の念でいっぱいです」（白石久留米市長弔辞）。「その功績は久留米市だけでなく、福岡県、更にわが国の文化活動に大きな力をくださった」（麻生福岡県知事弔辞）と、氏を悼む声は大きい。

九響後援会発足以来の理事である石橋幹一郎氏の、九州交響楽団に寄せる支援は終生変わらなかった。

石橋文化ホールを建設し久留米市に寄贈された時のこけら落としには九響を招き、そのときのことが「九響三十年史」に次のように書かれている。

「どちらに〝こけら落とし〟をお願いすべきか相談の結果、関係者一同一致して九響を推挙されました。私の望み通りでした。当時の九響は今日と違い、他に本職を持つアマチュアの交響楽団でしたが、快く引き受けてくださいました。そしていよいよ当日、私は今でもその演奏から受けた感動を鮮やかに思い起こし、全身がジーンと致します。全く素晴らしい演奏で、名演でありました。聴衆も会場も全てが感動に湧き上がったものでした」

また、東京での九響三十周年記念演奏会（一九八三年　東京文化会館、指揮・黒岩英臣）にあたっては、親身の世話で、その成功を心から喜ばれた。

氏の母校久留米市日吉小学校百周年記念にも九響の演奏会をプレゼント。九響久留米定期演奏会も実現させ、「年一回では少ないね、せめて二回にしなくては…」と最後まで九響を気にかけておられました。

雨の中をパレード演奏したブリヂストン吹奏楽団のバトントワラーの寒そうな様子に、自分のセーターをそっと手渡された、そんな優しさを、今も忘れていないメンバーたちが奏する葬送の曲と、久留米音協合唱団創立五周年記念に石橋氏から贈られた合唱組曲『筑後川』（丸山豊作詩、團伊玖磨作曲）が歌われる中、四千人を超す参列者は、一輪の白菊を手に、行年七十七歳、ゆかしく志高い氏の人柄を偲んで、長い行列をつくっていた。帰途、ＪＲ久留米駅で見かけた案内板の「花と芸術の町久留米」という文字に、深い共感と親しみを感じたのは、弔いの日の感傷ばかりではないと思った。

9

タイムカプセル

「正二郎はね、昭和二十年十一月自由党結党後、政治出馬への誘いが再三あったのを頑強に断り通した。私は事業家ですから事業一本に生きます、絶対に政治には出ませんというものだった。その様子を側から見ていて、父の態度の立派なことに強く心を揺り動かされた」

こう話した幹一郎は、正二郎の考えの背景には、政治は事業家のすることではなく、事業家は事業家らしく事業一本に打ち込み、世の中のお客様に喜んでいただけるように、一生懸命によい品物を安くお約束通りにお届けして、対価をいただくことが大切な道なのだということであった。それに自分たちの事業を十分にさせていただいているのは社会のお陰であり、そのために社会に還元貢献していくことを忘れてはならない。良品廉価《れんか》の製品を作り世の中のために尽くし、その結果儲《もう》けをいただくことが大切だというものだった。

「世の人々の楽しみと幸福の為に」と「最高の品質で社会に貢献」という二点は、戦後になって出てきた正二郎の事業理念であるが、その理念を貫き通した。

久留米市民の間から様々な機会に講演の依頼があったのを遠慮していた幹一郎は、「父、正二郎を語る」の題で初めて話をした。久留米市が市制施行百周年を迎えた平成元（一九八九）年、この年が正二郎の生誕百年と重なり、市民団体「石橋正二郎顕彰会」が発足した時のことだった。実業家として貫いた正二郎の理念と、世界のブリヂストンへ成長した道のりを語った。

弱冠十七歳で仕立物屋を引き継ぎ、地下足袋やゴム靴の大量生産で成功をおさめました。やがてモータリゼーション時代が到来することを予見して、自動車タイヤの国産化を決心、国際的企業に育てあげました。昨年、アメリカ大手タイヤメーカー、ファイアストン社を買収して世界一、二を争う企業となりましたが、これも正二郎の優れた先見性、実行性、洞察力によるものだといえます。

人間というものは、正しい事業により世の中に尽くさねばならない。いつも世のため人のためと念願して懸命に努力してきましたが、これからもその信条をふまえて仕事を続けていきたいが人生観でした。更に惜しみない愛郷心から、郷土久留米へ一途にその愛情を注がれました。厳しい中に、思いやりがありました。いつも世の中の人々の為に、と考えていました。

そして正二郎の人間性について話を続けた。

父は数字に非常に強いということが私自身困ったことでした。正二郎は数字を丸暗記する能力に長《た》けていた。会社の売上高、成績の伸びなど立て板に水のように数字が溢れるように出て

石橋正二郎顕彰会発足講演会で「父、正二郎を語る」石橋幹一郎（1989年）

きた。「お前どう思うか」と、最も数字を苦手とする私に聞かれると、困惑してあんまり数字を言わないでくれという気持ちになったものでした。

父の厳しさで思い浮かぶのは、四十歳くらいまでの父が「カミソリ」と称されていた点です。会社の大先輩たちにお会いすると「親父さんはカミソリだったよ」と必ず話されます。にこりともしないで厳しいことを言うことと、口数が少ないのでスパッと言ったらそれっきりという面からだったようです。数字に強いという点がカミソリと呼ばれた所以であり、同時に事業をリードできた力であったように思います。

しかし、晩年になると歌謡曲が好きになりレコードをしみじみと聴いていました。この頃の父は、厳しさの中にも非常に思いやりの深い人柄になっていたように思います。

正二郎も実業に徹し殆んど講演らしいものは避けてきた。しかし久留米にある自衛隊幹部候補生学校や、第四代目の同窓会長だった（昭和三十一年頃）久留米商業高校では話をしたことがある。

こうした若い人の前ではドラマティックな場面など語らず、己の歩いてきた道を訥々《とつとつ》と説いた。十七歳のとき学校で生徒が起こしたストライキに参加せず、毅然とした態度でわが道を貫き通したことは必ず話した。正二郎の「信念」の礎となったといえるものだった。「和而不同《わしてどうぜす》」と題し、社内冊子にもそのことを残している。

私は商業学校時代、クラスの殆んどが参加したストライキにも加わらなかった。十七歳で家業の仕立物屋を継いだが、これを独断で専業に改め、このことで父から大変叱られた。タイヤ事業化のときも、反対者は多かったが私の決意は変わらなかった。

終戦直前のこと、軍から敵の九州上陸に備えて、久留米工場を本土に疎開するよう要求された。私はこれを拒絶し、このために生産責任者を辞めねばならなかった。

協調は必要であるが、雷同して自主性を失うことは禁物である。

幹一郎は、母校福岡県立明善高校の創立百周年記念事業（一九七九年）の結びとして講演を依頼された。冒頭にこう語り、話を始めた。

私は学者、評論家でなく会社の経営者であります。実業人という者は、実績でもって黙って世の中の評価を受けるのが本筋でありまして、弁舌をもって、私はこう思うという論を世の中に売って生きるものではありません。従って本当は喋ってはいけないのでありますが、母校の百周年という滅多にない機会でもありましたのでお受けいたしました。従ってこれというような論説をまとめておりませんでした。只それだけに日頃から色々考えておりましたことを皆さんにお話させていただきます。

学校体育館に集まった明善高校在校生に、若者に寄せる思いを実業経験の観点から一時間にわたり語った。そして最後に次のように話した。

ここに持ってまいりましたのは、私の父が十七歳から実業界に入って今日の事業をつくってまいりました中で、書き残したもので「若い人々に」という一文があります。ちょっと主要なところを読ませていただきます。

人間は学問することによって天性の才能と知恵が磨かれて知識も広くなり、ますますよい仕事が出来るようになる。人間完成のためにも職業に就くためにも、学問は必要である。しかし、学校に行かないと学問は出来ないとか、また学校だけが人の運命を左右するものと思い過ごし

自衛隊幹部候補生学校で講演中の正二郎。
演題の「体験談」の文字が見える。

てはならない。

世の中は、日日が、毎日毎日が学問であり、心掛け次第で学歴のない人が大学卒以上の人となる。大学出たからなどと自惚《うぬぼ》れるようであれば、学問は邪魔ともなろう。こういうことをよく噛み分けて、家庭の事情なりあるいはいろいろのことを考えて、世の中へスタートすることが大切である。

これは、正二郎が会社の人たちへも言い残したかったことだろうと思っておりますが、本日皆さん方にも参考にしてくだされればと思います。


平成元（一九八九）年の久留米市制百周年の記念事業は、久留米つつじを植栽した筑後川べりの「百年公園」に、タイムカプセルを設置しそのフィナーレを飾った。

百年後の未来に夢を託し、後世に思いを込めた市民各層からのメッセージが、タイムカプセルにおさめられた。久留米市名誉市民の幹一郎もそのひとりだった。百年後へ向けた幹一郎のメッセージにどんな思いが託されていたのだろうか。筑後川のほとりの百年公園に埋設されたタイムカプセルが百年後にひらかれる時、正二郎が愛してやまなかった久留米は、どんな町になっているのだろうか。

正二郎生誕百二十年を翌年に迎えようとしていた平成二十（二〇〇八）年、児童を中心とした「くるめ市民劇・石橋正二郎物語」が石橋文化ホールで上演された。時代を超えて、正二郎の信念や郷土への思いを後世に伝えていこうとする市民の姿だった。

久留米百年公園に埋設されたタイムカプセル

10

世界のブリヂストンの基礎を築く

幹一郎は平成九（一九九七）年三月のブリヂストン取締役会で、名誉会長を退き、取締役相談役に就任した。相談役就任の一ヶ月後の五月初旬、体調不良のため急遽、東京都内の病院に入院した。加療に努めたが病状は急変し、六月三十日に急逝した。

七月二十八日、東京・青山葬儀所で社葬が執り行われた。ブリヂストン吹奏楽団久留米によるベートーベン「英雄」の追悼演奏のあと、弔辞が読み上げられ逝去を悼んだ。告別式には三千二百名の会葬者が霊前に献花した。

八月六日には、故人が久留米市名誉市民であったことから、久留米市で「市民葬」が執り行われた。献花した市民は四千人を超えた。

幹一郎が急逝したとき、この年の九月に四十周年を迎えるブリヂストンカンツリー倶楽部（BSCC）の「記念誌」編集を、私は社務の傍らお手伝いをしていた。記念誌編纂委員会は、急遽内容を変更し、正二郎と共にBSCCを育てあげた幹一郎への弔意を表す頁を組み入れた。併せて「あとがき」の執筆を編集委員の一人である私に書くように決定した。

開場四十周年を迎えた九月二十三日に発行された記念誌の「あとがき」は、次のようなものであった。

石橋幹一郎氏が急逝された。

一九九七年六月三十日のことであった。

この四十周年記念誌「ブリヂストンカンツリー倶楽部物語」が出来上がるのを楽しみにしておられた。史実に基づいてBSCCの生い立ちが語られ正しく伝わるよう、また、手作りで

「ぬくもり」のある記念誌になるようにと希《ねが》っておられた。
これらの事から記念誌の企画・編集を編集委員の皆さんと一緒になってお手伝いさせていただくことになった。
基本コンセプト　九五年十二月完了
企画書　九六年八月完了
九六年四月十七日、石橋幹一郎氏が久留米に来られた折り、それまであまりお話を伺う機会がなかった「正源寺山ゴルフ場」の事について色々教えて頂いた。
こうして「開場前史」を書き終え、監修していただくため、幹一郎氏の手元へ原稿をお送りしたのがこの五月三日であった。六月四日に至り、若干の付言はあるものの基本的にOKサインが出た。この事を六月十五日（日曜日）の記念誌編纂委員会に報告、同月二十六日には全原稿が揃い、出稿したのが六月三十日であった。
「父正二郎とゴルフ」は、記念誌の「1部」の締めの部分に置かせて頂くことになった。この「父正二郎とゴルフ」が石橋幹一郎氏の遺稿となってしまうとは夢にも思わなかった。
記念誌を見ていただくことが出来なくなったのは何としても残念で残念でならない。正二郎氏と正源寺山ゴルフ場でゴルフを楽しまれた話をしてくださったあの日のにこやかなお顔で、きっとこの記念誌を見ていて下さっているものと確信している。
一九九七年九月二十三日
編集委員　中野政則

石橋幹一郎（一九二〇〜一九九七）はブリヂストンの創業者・石橋正二郎の長男として、福岡県久留米市に生まれ、東大法学部を卒業後、昭和二十年十二月ブリヂストンタイヤ株式会社に入社。昭和三十八年二月、正二郎を継ぎ、二代目のブリヂストン社長に就任。企業体質の改善を陣頭指揮すると共に、国内に五つの新鋭工場を建設し、会社発展の基盤を固めた。

その後、昭和四十八年会長に就任。米国に生産拠点の進出を果たし、国際化への橋頭堡を築いた。昭和六十年二月には名誉会長、そして平成十年取締役相談役に就任。

この間、日経連副会長、経団連常任理事（経団連事業委員長）、日本ゴム工業会会長など、多くの要職を歴任し、日本経済の発展に尽力。石橋財団理事長、全国文化団体連盟会長として、広く芸術文化面にも力を注いだ。

幹一郎は常に「企業は公器である」と強調し、自ら「資本と経営の分離」を実行し、ブリヂストンの同族会社からの脱皮を積極的に手がけ、クリーンで厳格なまでの公私を区別する精神を貫き通した。創業者と創業理念への強い敬愛のもと、自ら創業理念の実践を心掛け「石橋正二郎氏亡きあとの、同社の経営基盤を築いた」と評価され足跡を残した。

企業の国際化にも意欲的で、昭和六十三（一九八八）年には米国のタイヤ会社、ファイアストン社全体を買収、欧州、南米にも拠点を確保した。この買収により、世界のタイヤ・ゴムメーカーとしては、売上高世界ナンバー・ワンの座に就いた。また、円高という逆風はあったが、タイヤ売上高でも世界ナンバー・ワンを占めた。

「東洋一のタイヤメーカー」が石橋正二郎の悲願であったが、正二郎は生前それを実現させた。そして、幹一郎は「世界一のタイヤメーカー」を現実のものとした。

石橋幹一郎

あとがき

七十三歳の正二郎が書いた自伝『私の歩み』の「母」の項には、こんな一節がある。

私が二十三歳の時、観相学の大家、石龍子《せきりゅうし》に見てもらったことがある。この人は久留米の十二軒屋の出身で、明善高校の英語の先生をしているとき、人相学の原書を読み、非常な興味をおぼえてアメリカに留学し、科学的な判断をすることで、当時の最高権威者とされていた。旧久留米高等女学校の講堂で三日間講演をしたあと、縄手町《なわてまち》の林松館という旅館において、見料一円、一日百人をかぎって見てくれるというので、私も兄と二人で行った。そして私を見たあと兄に向って

「弟は偉いのだから一切干渉するな。鋭い頭脳で概括的によく大局をつかみ、広く切りまわす。また人に寛大で統御の才がある。計数に富むも集散大なりであるから、腹心の人をつけると大事業ができ、天下に雷鳴をとどろかすだろう。この人を生んだ母親が偉いにちがいないか

ら、母を見たいものだ」

と言ったことがある。私は子供の頃は病弱で恐らく育たないだろうといわれていたのを、この母の愛情の力で健康になったので、心から恩を感じている。

『私の歩み』は、正二郎が日本一の高額所得者となった翌年の一九六二年に刊行され、石龍子（昭和二年没、享年六十一）の人相判断から五十年が経っていた。石の眼力に驚き私は、彼の著書『性相学精義』（明治三十五年）と『性相講話』（同四十三年）に向き合ったことがあった。この事を幹一郎に話したところ、正二郎の母まつが卦《け》をかけた話をしてくれた。正二郎兄弟が筑後川河畔に工場を建てる計画を知ったまつは易者のところに行き、「ここに工場を建てれば繁盛限りなし」という卦が出たと言い、兄弟を激励したというものだった。易者の見立ては石に勝るとも劣らず事業は繁盛し、やがて世界に羽ばたくブリヂストン発祥工場へとつながった。

よく、成功者と言われる事業家の生地には、〝神話〟がひとつやふたつは語り継がれているものだが、石やまつの話を含め〝正二郎神話〟と呼ばれる伝説化されたものに久留米では遭遇しない。石橋コレクションを広く公開した美術館や、「世の人々の楽しみと幸福の為に」の言葉が、市民の間に根付いているからかもしれない。

正二郎が二十三歳の頃は「中学明善校」だった「明善高校」も、「十二軒屋」、「縄手町」もＪＲ久留米駅近くに現存する。その駅前に二〇一一年三月の九州新幹線全線開通を記念したモニュメント、世界最大級タイヤが設置され、脇には市民の誇りをあらわすかのように「ゴム産業発祥の地」の標板が建つ。

「序文」で〝私たちの冊子〟について触れたが本書はその頃から書き始め、社務の傍ら編集に携わった石橋正二郎顕彰会誌に紹介したものもあり、同誌掲載の写真も本書にいくつか転載した。「正二郎はね」で始まる穏やかな幹一郎の話にあたかも憑依《ひょうい》するかのようにその口調で筆を進め、一編一編に畏敬と感謝の気持ちを忘れることはなかった。熱き思いを静かに底に沈ませ、一番心がけたのは急ぎすぎないことだった。忖度《そんたく》からくる誤解を避けるために歩きに歩いて探し出し辿り着いた資料を渉猟《しょうりょう》し、回想記などは極力原文を多用し原点を求めた。それらは当時の風と空気までガイドしてくれるようにも思えるし、内面を練達の筆で描く力不足を補ってくれたように思う。取材や推敲を重ねるうちにかなりの時が過ぎ、この間にお会いした人の中には泉下で静かに見守ってくださっている方もおられる。

「音楽の楽しみ、文化の向上を市民の皆様とブリヂストンが一緒になって進めてきたことは、よそに見られない久留米独特なものと誇りに思っております」。ブリヂストン吹奏楽団が「久留米市文化章」受章を記念する演奏会（一九九二年二月二十日）を開いた時、幹一郎はこのメッセージを市民に寄せた。

久留米には正二郎の生地碑や生涯を描いた資料館はないが、町を歩くとわが国に新しい企業文化を導いた「まちなか博物館」が光を放っているように思える。筑後川を渡る春風のように、ゆっくり「正二郎・幹一郎の心」を旅していただければ望外の幸せである。過去から学び育まれてきた文化、価値観を受け継ぎ更なる未来へ生かす。「顕彰ではなく継承を」と幹一郎から学んだ。先達の思いを継承するのは生かされている者の使命のように思う。

貴重な史・資料の提供をたくさんの方々のご協力をいただき刊行の運びとなった。

長年にわたる伴走をしてくださり、的確な助言と細かくチェックしてくださった出窓社の矢熊晃さんには大変お世話になった。何より嬉しく思っているのは、正二郎ゆかりの地に触れるために久留米まで足を運んでくださった事だった。感謝を申し上げたい。

久留米市・耳納山里にて

中野政則

二〇一二年十月十日

◉引用・参考文献

私の歩み　石橋正二郎　一九六二年
水明荘夜話　佐野朝男編　一九四四年
雲は遥かに　石橋正二郎　（読売新聞社）　一九七一年
理想と独創　石橋正二郎　（ダイヤモンド社）　一九六五年
創業者・石橋正二郎　小島直記　（新潮文庫）　一九八六年
ブリヂストンタイヤ五十年史　（ブリヂストンタイヤ）　一九八二年
回想記　石橋正二郎　一九七〇年
我が人生の回想　石橋正二郎　一九八九年
石橋正二郎遺稿と追想　（石橋正二郎伝刊行委員会）　一九七八年
BSニュース創立五十周年記念号　（ブリヂストンタイヤ）　一九八一年
「石心」二号他　（石心会）　一九五七年
久留米商工史　権藤　猛　（久留米商工会議所）　一九七四年
石橋正二郎顕彰会会報誌一号他　（石橋正二郎顕彰会）　一九八六年
ぼく達はこの星で出会った　中村八大　（講談社）　一九九二年
秩父宮同妃殿下御宿泊記念写真帖　（石橋正二郎）　一九三〇年
新築記念石橋徳次郎邸　（石橋徳次郎）　一九三三年
石橋文化センター五十年史　（久留米文化振興会）　二〇〇八年
石橋財団三十周年史　（石橋財団）　一九八九年
久留米工専創立六十周年記念回想記　（同窓会久留米工専会）　一九九九年
久留米の旅情　田中幸夫　（菊竹金文堂）　一九六二年

ＮＨＫ歴史発見８　ＮＨＫ歴史発見取材班　（角川書店）　一九九三年
久留米大学六十年史　（久留米大学六十年史編集委員会）　一九八八年
新・三六五日の健康訓　（実業之日本社）　一九七九年
養生訓　貝原益軒・松田道雄訳　（中央公論新社）　二〇〇五年
月刊「太陽」五月号　（平凡社）　一九八〇年
ブリヂストンカンツリー倶楽部物語　（ブリヂストンカンツリー倶楽部）　一九九七年
天皇陛下行幸録　（福岡県）　一九四九年
筑後川と共に辿る『筑後川』　（カワイ出版）　一九九八年
目で見る久留米の歴史　（久留米市）　一九七九年
行餘　（久留米商業学校同窓会）　一九〇五年
創立三十周年会社概況　（ブリヂストンタイヤ）　一九六一年
発祥の地　（ブリヂストン）　一九九二年
ＩＮＡＸ　ＲＥＰＯＲＴ　№１７６　（ＩＮＡＸ）　二〇〇八年
九響ニュース八月号　（九州交響楽団）　一九九七年
久留米工場ニュース・ちっご　（ブリヂストン）　一九九一年
先輩シリーズ　（久留米商業高校）　一九八九年
明善百周年記念写真集　（福岡県立明善高校）　一九七九年

◉転載記事

九州医専に二十万円寄附　一九二七年十一月二十六日　福岡日日新聞
石橋文化センター建設寄附　一九五四年十月一日　市政くるめ
『夕鶴』久留米公演　一九五五年十一月二十日　毎日新聞

ブリヂストン通り開通式　一九五五年十二月十五日　毎日新聞
ブリヂストン通り開通式　一九五五年十二月十六日　西日本新聞
狂喜乱舞の三塁側　応援のライオンしたり顔　一九五六年十月十二日　東京中日新聞
私の履歴書　石橋正二郎　一九五七年二月　日本経済新聞
石橋文化ホール開館　一九六三年五月三日　西日本新聞
企業の＋α　一九八〇年十月二十六日　日本経済新聞
日本ゴムに西独から旧友訪れる　一九八二年十月二十六日　西日本新聞
田ん中　町ん中―セミしぐれに送られて　一九八八年七月三十一日　西日本新聞
言いたい聞きたい　一九八九年六月三十日　毎日新聞
九州百年―二十世紀との対話　一九九九年二月十四日　西日本新聞
はぜの実―もう一つのタイヤ史　一九九六年十月一日　西日本新聞
コラム「春秋」　一九九七年七月三日　西日本新聞
動員学徒の証言集め　一九九七年八月十日　西日本新聞
さよなら　建設から七十五年建屋解体　二〇〇四年十月十六日　西日本新聞
コラム「春秋」　二〇〇六年六月二十七日　西日本新聞
三十万都市の行方　二〇一〇年一月二十四日　朝日新聞

◉ホームページ

パナソニック　http://panasonic.co.jp/index3.html
久留米大学　http://www.kurume-u.ac.jp/
アサヒコーポレーション　http://www.asahi-shoes.co.jp/company/corporate-info.html

著 者　中野政則（なかの・まさのり）

1940年生まれ。久留米市在住。ブリヂストンの東京、久留米工場総務課長など歴任。東京本社勤務の一時期、全国文化団体連盟会長に就任した石橋幹一郎を補佐する立場で出向。創業者石橋正二郎と創業地久留米の文化歴史を編む等発祥地の継承活動につとめる。在職中、幹一郎に引き合わされた作曲家團伊玖磨と親交をもち、定年後「團伊玖磨さんの音楽を楽しむ会」を主宰し團作品のプロデュースにあたる。ミュージックペンクラブジャパン会員。主な編・著書に『ブリヂストンカンツリー倶楽部物語』、『石橋文化ホール、開場す』、『筑後川』（カワイ出版）『團さんの夢』（出窓社）などがある。

地図制作　GEO
図書設計　辻 聡

JASRAC　出1211766-201
写真提供　生田保行、小山卯三郎、久留米市、北原白秋記念館、
後藤悦子、西日本鉄道（株）、山田浩子、中野政則

DMD

出窓社は、未知なる世界へ張り出し
視野を広げ、生活に潤いと充足感を
もたらす好奇心の中継地をめざします。

正二郎はね　ブリヂストン創業者父子二代の魂の軌跡

2012年10月23日　初版印刷
2012年10月29日　第1刷発行

著　者　中野政則

発行者　矢熊 晃

発行所　株式会社 出窓社

東京都武蔵野市吉祥寺南町 1-18-7-303　〒180-0003
電　話　0422-72-8752
ファクシミリ　0422-72-8754
振　替　00110-6-16880

印刷・製本　シナノ パブリッシング プレス

ISBN978-4-931178-81-6

出窓社◉話題の本

團さんの夢

六つの交響曲と国民的オペラ「夕鶴」、合唱組曲「筑後川」「西海讃歌」などを作曲し、また名随筆「パイプのけむり」で多くのファンを魅了した團伊玖磨と父祖の地・九州の関わり、未来への想いを、長年、團伊玖磨の音楽活動を支えてきた著者が、万感の思いで描いた人間・團伊玖磨の素顔と夢と志。

中野政則

一六八〇円

アインシュタインからの墓碑銘

四国の山里に眠る、或る外科医夫妻の墓に刻まれたアインシュタインの言葉。「二人は共に人類の幸せのために働き、そして人類の過ちの犠牲になって逝った」。墓碑銘に秘められた謎を追い、世界的物理学者と日本人外科医の数奇な運命と戦争に翻弄された友情の行方を明らかにする感動のノンフィクション。

比企寿美子

一五七五円

二人で紡いだ物語

海外赴任した夫を追ってイギリス留学した学生時代から、三人の娘を育てながらの研究生活、生死の境を彷徨った自らの病と最愛の夫との悲しい別れ。そして、茫然自失から再生への手探りの歳月。女性初の日本物理学会会長や数々の受賞に輝き、世界の第一線で活躍する著者が初めて書き下ろした半生記。

米沢富美子

一八九〇円

花かげの物語

故・團伊玖磨氏が絶賛した福岡市の桜原桜にまつわる美しい物語。道路の拡張工事で伐採寸前の桜並木に添えられた一市民の短歌から、不思議な花のドラマが始まった。やがて湧き起こった「花あわれ」の心のリレー。市民の叡智と行政の柔軟な対応が結びついて桜は永遠の開化を約束された。

土居善胤

一二六〇円